BIBLIOTHÈQUE D'HISTOIRE DE L'ART

LA PEINTURE ITALIENNE

DU XVIᵉ AU XIXᵉ SIÈCLE

PAR

RENÉ SCHNEIDER

PROFESSEUR A LA FACULTÉ DES LETTRES DE L'UNIVERSITÉ DE PARIS

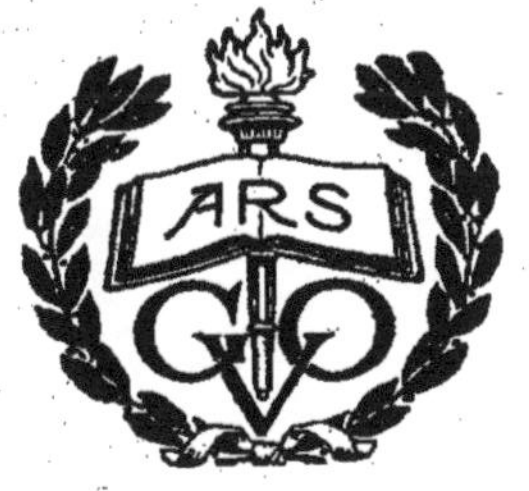

PARIS ET BRUXELLES

LES ÉDITIONS G. VAN OEST

—

1930

LA PEINTURE ITALIENNE

BIBLIOTHÈQUE D'HISTOIRE DE L'ART

PUBLIÉE SOUS LA DIRECTION DE M. AUGUSTE MARGUILLIER

LA
PEINTURE ITALIENNE
DU XVIᵉ AU XIXᵉ SIÈCLE

PAR

RENÉ SCHNEIDER

PROFESSEUR A LA FACULTÉ DES LETTRES DE L'UNIVERSITÉ DE PARIS

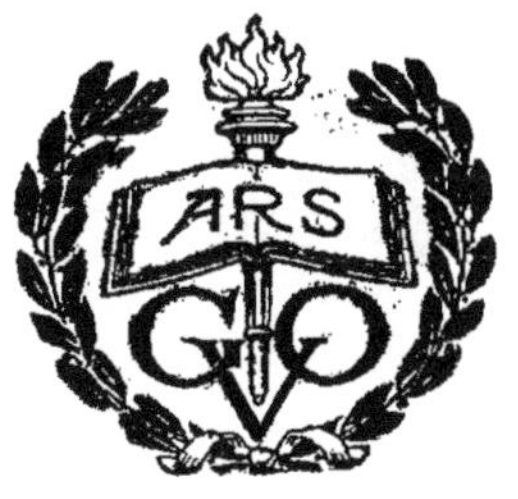

PARIS ET BRUXELLES

LES ÉDITIONS G. VAN OEST

1930

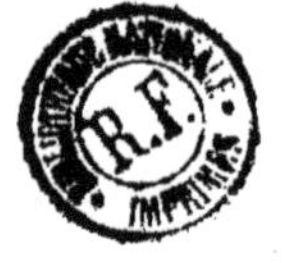

LA PEINTURE ITALIENNE (II)

CHAPITRE PREMIER

LES GRANDS VÉNITIENS

Le Corrège, mort en 1534, nous avait ramenés par le chemin des influences à l'École vénitienne. Or celle-ci, dans la seconde moitié du XVIe siècle, est déjà par plusieurs de ses tendances l'aurore du « baroque ». Bien plus que le maniérisme corrégien et autant que Michel-Ange, dont elle aime à s'inspirer, elle a contribué à y incliner la peinture italienne du XVIIe siècle.

C'est une des plus faussement jugées. On la dit purement sensuelle. Pourtant depuis Giovanni Bellini le symbole l'attire par la profondeur même dont il enrichit la pensée. Et pensée morale le plus souvent. Et prise au cœur des livres, si bien que notre exégèse ne la peut expliquer qu'en recourant à des textes. Il reste de l'inconnu dans le prétendu *Orage* et, malgré Wickhoff, dans les *Trois Philosophes* de Vienne, de Giorgione; et Titien, liseur de livres hermétiques comme l'*Hypnerotomachia* (1499), a tellement chargé de sens l'*Amour sacré et l'Amour profane* de la Galerie Borghèse, que nos copieux commentaires ne l'ont pas encore épuisé. Le Tintoret habite le monde surnaturel que son imagination a créé de toutes pièces.

Ce goût de l'idée n'exclut pas, du reste, la·libre fantaisie. Précisément, si nous avons tant de peine à expliquer tels sujets de Giorgione et de Titien, c'est que ce sont moins des sujets très précis que des rêves de poète ou des visions de coloriste. L'artiste, sur une trame fragile que sa songerie semble tour à tour laisser et reprendre, joue des thèmes d'harmonie qui s'achèvent en suggestion spirituelle, comme la musique. C'est même ici la grande innovation de Giorgione : une sorte d'indifférence au contenu, qui laisse la peinture libre de se satisfaire d'elle-même.

On dit aussi qu'elle est profane et païenne, tournée, du haut de ses portiques de marbre, vers les beautés du monde extérieur, qui sont uniques à Venise. Mais cela est surtout vrai de Véronèse. En vérité, nulle école n'offre plus de peinture religieuse, ni plus sincère. L'œuvre des deux Bellini n'était déjà que dévotion ardente à la Croix. Le rêve remplissait d'infini les yeux des Madones de Giovanni. L'œuvre de Titien, *Disciples d'Emmaüs* ou *Mise au tombeau*, est d'une gravité ardente et concentrée. Véronèse lui-même finit par la plus tragique des *Pietà* (Musée de l'Ermitage). Quant au Tintoret, toutes les violences du dessin et du clair-obscur se déchaînent sous sa main autour du drame de la Passion. Rien dans la peinture florentine ou romaine, sauf peut-être la *Cène* de Léonard de Vinci, n'atteint cette intensité. Et cette peinture est souvent confidentielle. Titien ne s'oublie jamais parmi ceux qui accompagnent la vie ou la mort du Christ ; son œuvre religieuse est une prière signée, c'est-à-dire un lyrisme. La volupté même de ces maîtres est grave. Les *nude* que Titien étale devant un jardin qui est un *paradiso* ou dans une chambre disposée en sanctuaire, offrent leur beauté comme un mystère. Désir s'il y a, l'œuvre de Giorgione et de Titien est un ex-voto au Désir sacré.

Est-il plus exact de les accuser, avec Vasari, de manquer de dessin ? Perpétuellement, il est vrai, il arrive à Titien, au Tintoret, de peindre directement sur la toile sans avoir au préalable esquissé la composition sur le papier. C'est qu'ils se fient plus que les Florentins aux dons de la nature. Devant la *Danaé* de Titien, Michel-Ange leur reproche cette présomption. Ils savent très bien le métier, mais sans le croire le tout de l'art, ni que passer sa jeunesse à dessiner suffise à faire un peintre. A la mécanique facilité que donne l'usage obstiné de la plume ou du crayon, et qui consiste à reproduire de souvenir, ils préfèrent chaque fois le recours au modèle, c'est-à-dire à la nature, ingénument. Aussi n'ont-ils pas la superstition de Florence ni de Rome, bien qu'ils y aillent comme Titien et fassent volontiers du Michel-Ange. Ils excellent quand ils veulent à l'arabesque des nus féminins, aux savants raccourcis, aux raffinements du trompe-l'œil dans la perspective. Mais rien de tout cela ne leur est propre. Aucune dévotion non plus au nu d'atelier, ni aux antiques, bien qu'ils admirent le *Laocoon*, qui du reste est de la plastique pittoresque. Les tons et leurs accords sur la chair vivante, sur les aspects du paysage, sur les beaux tissus, voilà leur recherche spontanée. Et ils savent bien que par là ils auront la forme. Le miracle de l'art vénitien d'alors, c'est qu'il inaugure la peinture moderne, dont Cézanne finira par donner le mot : « Quand la couleur est à sa richesse, la forme est à sa plénitude. »

Ils ont donc le dessin de leur couleur : nécessité immédiate de leur vision.

Et même leur coloris, est-il exact de l'exalter sans précisions ? Ceux qui vivent sur les idées reçues sont tout surpris devant certains portraits de Titien et les derniers Tintoret. De coloris, il n'y en a presque plus, mais une monochromie austère jusqu'à l'ascétisme des noirs. Les Hollandais eux-mêmes n'ont pas poussé plus loin le goût des sombres manteaux où luit une chaîne d'or, ni Rembrandt celle des « chaudes noirceurs où éclate le blanc d'une prunelle » (L. Hourticq). C'est même là, dans ce sombre, que va sombrer à la fin du siècle, avec les Bassan, la peinture vénitienne, jusqu'à ce que les petits maîtres précurseurs de Tiepolo lui rendent les tons chantants.

Malgré tout, c'est ici que, durant la Renaissance, le sens chromatique est le plus développé. C'est peu de dire que le Vénitien est coloriste : il pense et sent en couleurs. Tandis que l'art de Florence, art d'orfèvres-sculpteurs, organisait avant tout des sensations tactiles, l'art de Venise met en œuvre des sensations surtout visuelles, couleur et lumière. Il est donc plus sensuel. C'est à propos d'eux que la langue artistique italienne, qui est devenue européenne, a enrichi sa physiologie du goût de termes succulents : ils nous rendent par leur saveur la sensation de cette saine *pastosità*.

Différentes aussi les techniques. Les Vénitiens sont aussi attachés que les Florentins à la grande peinture murale. Seule elle peut suffire à leur abondance décorative, seule elle peut écrire en grandes pages la gloire encore récente de Venise dans le déclin qui commence. Mais elle n'est plus posée directement sur le mur, *alla fresca*, dans une matité un peu pâle. Bien que Giorgione, Titien, le Tintoret, pratiquent la vraie fresque, jusqu'à peindre des façades entières de palais comme l'étaient les maisons allemandes (« Fondaco dei Tedeschi », fin 1510), ce luxe, tout extérieur, devient rare. Dès la seconde moitié du siècle, la toile peinte et marouflée se substitue à la fresque. Voilà que même contre le mur, sinon sur le mur, le modelé se fait avec des noirs et du rendu, et avec la finesse que permet un support plus finement granulé. Et à côté de la peinture murale ainsi dotée des effets du tableau, le tableau lui-même se multiplie. Il est le champ d'élection du peintre vénitien. Et ce tableau même n'est plus peint en détrempe claire et mate sur panneau, mais sur toile et à l'huile (au moins pour les glacis). Ainsi, huile et toile, voilà le véhicule et le support de cette peinture, qui nous trouble par la chaleur des tonalités, par le moelleux, par la profondeur et la transparence des ombres où luisent des reflets. Couleur voluptueuse d'abord par sa matière, qui, au lieu d'être précieusement émaillée comme chez les Quattrocentistes, est maintenant nourrie et profonde, posée sur des dessous d'ocre rouge qui émettent de la chaleur, et elle-même frottée légèrement de glacis. Le glacis est familier à Venise : c'est un instinct de coloristes-nés. Voluptueuse aussi par le choix des tons, graves pourtant, et presque bas. Leurs jaunes tournent à l'orangé, leurs bleus au vert, leurs rouges au pourpre, leur pourpre au violet. Il en sort des résonances profondes qu'on entend longtemps. Le vert et le bleu déposent leur acidité pour se rejoindre. Alors c'est l'azur verdi ou le vert azuré dont l'Arétin à la fenêtre voit sa Venise baignée, et qu'il se plaît à retrouver chez Titien. Ces peintres devaient pressentir la loi des complémentaires : dès 1508, l'auteur du *Concert champêtre* (Louvre) exalte en les rapprochant le rouge du pourpoint et le vert du paysage, et « l'or du soir sur le bleu turquoise du ciel ». Titien, le Tintoret (*Suzanne et les vieillards* du Louvre) appliquent la loi d'instinct. Et toujours, chez tous, une exécution aisée et souple, témoignage que la peinture est leur langage spontané.

C'est dire qu'ils sont harmonistes. Peut-être parce qu'ils sont tous musiciens. Ils aiment organiser dans leurs tableaux un concert instrumental où clavicorde, basse de viole, violon, luth, font courir sur la scène d'allégresse leurs ondes sonores. Parfois même il est tout le sujet, comme le *Concert* du palais Pitti attribué à Giorgione. Ce n'est pas seulement le témoignage d'une passion universelle dans cette Italie dévote à Apollon, à sainte Cécile ; qui organise la « musique du Pape » et va inventer l'opéra. Ce n'est pas non plus un simple motif pittoresque, mais une confidence directe. Ils ne composent pas spatialement comme les Florentins, mais musicalement. Ils intègrent la mélodie de la ligne dans l'harmonie du coloris. Musique picturale ou peinture orchestrée, ils sentent déjà, spontanément, les correspondances secrètes, et nous obligent à transposer aux tons le langage des sons, ou réciproquement. Le musicien de Giorgione (ou de Titien), au Louvre, qui touche le luth dans la campagne, semble donner la note à la composition du peintre.

Avec de pareils moyens l'École, tout en organisant ses données avec une maîtrise qui la fait classique, devait être voluptueuse. L'activité de l'esprit n'y est que pour choisir et mettre en œuvre des sensations où se résume le bonheur de peindre. De même pour le sujet : il vise les sensations où se résume le bonheur de vivre. Le peintre vénitien est moins près de la pensée que le florentin, mais plus près de l'instinct et des choses. Sur ces visages impassibles, rien des éclairs d'intelligence qui pétillent dans les yeux des Tornabuoni ou des Sassetti aux fresques de Santa Maria Novella, rien des rêves qui agrandissent les yeux des personnages botticelliens, rien du « mystère » qu'éveillent les mouvances du clair-obscur sur les traits de Monna Lisa. Ces grasses formes féminines condensent la vie luxuriante du monde en même temps que la splendeur du soleil, simplement. Il y a peu de nus masculins à Venise, sauf les Adam et les saint Sébastien, mais les autres abondent : *nude* de Giorgione, de Titien, du Tintoret, Femme adultère, Vénus, Antiope, Danaé ou Suzanne, sans analogues dans les silhouettes un peu aigrelettes et les modelés un peu serrés des Florentins. A Venise ce sont des fleurs de chair buveuses de lumière.

C'est dire qu'ils sont aussi près de la Nature universelle. Le paysage foisonne dans la Venise cinquecentesque, de Jacopo Bellini à Leandro Bassano. Non que la magie mouvante de la lagune et de la mer les ait beaucoup retenus. C'est un de nos étonnements de ne retrouver que par échappées ce qui fait à Venise anadyomène son décor et sa richesse, cette suggestion d'indéfini, ces îles de nacre, l'eau morte des canaux, les vaisseaux tout chargés de l'Orient. Presque rien de tout cela, qui apparaissait déjà pourtant chez Gentile Bellini et Carpaccio et s'étalera au xviiie siècle chez Guardi, Canaletto, même Tiepolo. Comme il s'agit presque toujours de scènes sacrées et que d'ailleurs à ces insulaires la nature terrienne, conquise depuis 1505, est sans cesse une nouveauté, c'est vers la terre ferme qu'ils regardent, vers les vallées prochaines de Castelfranco ou de Cadore, roussies par un automne précoce, devant les monts couronnés de hameaux qui ressemblent à des estampes d'Albert Dürer.

Albert Dürer ? Le fond des *Dix mille vierges martyres* de Carpaccio venait déjà du maître allemand, comme en viennent les fonds de bien des gravures de Campagnola, des tableaux de Giorgione et de Schiavone. S'il faut en croire Vasari, Titien lui-même, quand il voudra étudier le paysage, demandera des leçons à des paysagistes allemands « qu'il rassemble à cet effet dans sa maison ». Des origines à la fin, l'Allemagne du Sud envoûte la peinture vénitienne. Ces vallées alpines conduisent vers le Rhin, vers la Bavière, comme vers la France. D'autre part, Dürer s'est complu à Venise en 1506. En tous cas, le paysage vénitien du xvie siècle ne sera pas sec et grêle comme celui des peintres florentins, mais feuillu et dru, plein de sève entre les bois et les eaux devant le fond bleu des Alpes, et presque toujours tranquille. Sur cette nature enfin, comme sur Venise elle-même, ils déploient des ciels magnifiques comme les Florentins n'en ont jamais brossé, animés de nuages moelleux et non écrits, habillés d'or et de pourpre par le soleil couchant en longues traînées. Technique et sentiment, la poésie des soirs les attire. Parfois même, pour la *Nativité* et *Saint Jérôme au désert*, ils déploient la magie de la nuit. Venise est le berceau des « nocturnes ». L'École vénitienne, lumineuse et rousse, est aux premières origines du paysage moderne.

Giorgio Barbarelli, dit Giorgione (vers 1476-1510) est l'énigme de la peinture vénitienne. D'abord, il meurt à trente-cinq ans, et son œuvre, telle qu'on croit la connaître, est rare, et difficile parfois à distinguer de l'œuvre de jeunesse de son collaborateur, Titien. Seule est authentiquée par un texte la *Madone* de Castelfranco (1504) (pl. I.), où l'on discerne des réminiscences de Giovanni Bellini. La révolution qu'on lui attribue est déjà tout entière chez Antonello de Messine. Et pourtant le témoignage des contemporains est formel : il renouvelle la peinture vénitienne. A prendre ce qui lui est attribué (sans être dupe des attributions), peu de christianisme, mais le bonheur de vivre la vie naturelle dans le paysage de Castelfranco, calme et roux. Ses tableaux, le pseudo-*Orage* du palais Giovanelli à Venise, le *Concert champêtre* du Louvre (pl. II), la *Vénus* de Dresde (pl. III), sont si peu des « sujets » qu'on ne sait comment les dénommer exactement : fêtes champêtres en tout cas, où la femme, contre toute vraisemblance, offre en plein air sa nudité ambrée, comme pour s'imprégner de la lumière universelle. L'amour libre et sain dans la nature, voilà l'atmosphère qui baigne tout. Il y a bien au Pitti cette extase musicale qu'on appelle *Le Concert*. Mais Giorgione n'avait pas habitué Venise à cette richesse d'âme. Dans cette œuvre brûlée par l'ardeur des tons et la passion mélomane, les personnages graves ont dans les yeux une expression tendue jusqu'aux limites de la sensibilité. Faut-il croire plutôt à Titien ? Mais voici une autre nouveauté. La forme, que Giovanni Bellini asséchait encore dans la *Pietà* du Musée Brera, il lui donne l'ampleur, la plénitude, et la modèle en pleine clarté dans des empâtements généreux. Il voit la masse plus que le trait, et la fait naître des valeurs plus que du ton. Vasari suggère qu'il a pu prendre l'idée de cette manière dans les œuvres « *molto fumiaggiate* » de Léonard. Mais le *sfumato* ici ne fait jouer ses valeurs que dans la lumière chaude et rayonnante. Cette œuvre est la fleur si spontanée du tempérament et du milieu, qu'à en croire Vasari Giorgione attaque directement la toile sans faire d'esquisse. Aussi, peu de fresques, mais surtout des tableaux où, grâce à ce merveilleux technicien de la matière onctueuse, la pâte est de la chair et l'atmosphère du soleil liquéfié.

Son rayonnement est sur tous. Est-ce de lui que Palma le Vieux (1480-1528) tient cette sorte d'indifférence dans les scènes religieuses ? Comme Giorgione, ce qui l'attire, c'est la beauté de la femme, mais cette fois offerte le plus souvent à mi-corps, selon le thème que Giovanni Bellini, son maître, a répandu. *Lucrezia, Violante* ou *Sainte Barbe* (pl. IV), c'est toujours un visage placide et sans pensée, une forme plus plantureuse encore que chez Giorgione, des carnations plus claires sous des cheveux dorés par la teinture en « blond vénitien ». Presque toujours un paysage vu en largeur, celui des Alpes bergamasques où Palma est né, enveloppe cette harmonie chaude.

Ni Lorenzo Lotto (1480-1556), ni Sebastiano del Piombo (1485-1547) ne restent absolument fidèles au génie de Venise et de Giorgione. Lotto retarde un peu : son coloris, très vif aussi, a moins de chaleur et de profondeur. On dirait qu'au cours de ses voyages dans les Marches et à Rome la sensualité vénitienne s'est un peu évaporée. Mais c'est un chercheur. Parfois ses figures semblent un reflet de Lucas de Leyde ; et même, à regarder le romantique *Saint Jérôme* du Louvre, perdu dans un chaos rocheux où tombe le soir (pl. V), il n'est pas sûr que le fantastique d'Albert Dürer ne soit pas arrivé jusqu'à lui. C'est d'autant plus probable qu'à ce moment même Bartolomeo Veneto, qui, lui aussi, se rattache à l'École bellinienne, enveloppe des tons opulents de son pays des figures de grimace germanique.

C'est à ce moment qu'une autre puissance d'attraction plus forte que celle de l'Allemagne s'exerce sur Venise. Nul n'avait été tout d'abord plus docile à la leçon de Giorgione que son élève Sebastiano del Piombo, quand il s'agissait de pétrir en pleine chair d'opulentes jeunes femmes, aux lèvres rouges, aux cheveux d'or, et de faire mousser sur leurs épaules des fourrures moelleuses. La *Fornarina* des Offices et les *Trois saintes* de Saint-Jean-Chrysostome à Venise (pl. IV) sont des animaux superbes. Mais, sitôt arrivé à Rome, l'emprise de Michel-Ange s'abat sur lui, sauf dans le paysage aéré et lumineux, où la vertu persuasive de Venise reste la plus forte. La robuste *Résurrection de Lazare* de la National Gallery de Londres (pl. VI) n'est en vérité que la résurrection des Sibylles et des Prophètes de la Sixtine, seulement avec la tiède enveloppe de Venise.

Mais voici le dieu. Et c'est encore au contact de Giorgione, dans l'atelier de Giovanni Bellini, qu'il s'est formé. Les premières œuvres de Titien (Tiziano Vecelli, 1477 ?-1576) sont indiscernables de celles de son aîné, et par-dessus celui-ci vont rejoindre Giovanni Bellini lui-même. Et l'on y perçoit un lointain reflet d'Albert Dürer. Mais après 1510 la maîtrise vient vite. La gravité concentrée de ses compositions religieuses, *Mise au tombeau* (pl. VII) ou *Disciples d'Emmaüs* (au Louvre), n'est qu'à lui, chrétien ardent qui se met presque toujours en portrait à côté de Jésus. Une seule fois, vers la fin, le « pathétique » de la Passion s'associe à celui du Laocoon antique pour la mouvementer : alors c'est *Le Couronnement d'épines* du Louvre. Grave même dans ses *poesie* profanes, quand il célèbre les *Bacchanales* (National Gallery et Prado ; pl. VIII), ou fête la chair de la femme dans ces *nude* nonchalamment étendus, arabesques mélodieuses développées dans la splendeur dorée des carnations. *Antiope* ou *Vénus*, toujours impassibles, ces êtres de belle vie gardent dans la joie d'exister le grand calme, donc le grand style, qui manquera aux « bouchères tumultueuses » de Rubens. Autour de ces *nude*, silencieuses comme des divinités du désir, comme autour des scènes sacrées ou des allégories parfois impénétrables comme « *L'Amour sacré et l'Amour profane* » (pl. IX), s'étendent des paysages généreux dont la sève va nourrir bientôt ceux du Seicento. C'est la nature vivace de Cadore, rocheuse ou feuillue d'un côté pour faire écran derrière l'humanité, ouverte de l'autre en évasion lumineuse vers le village de bois où Dürer et la Suisse reconnaîtraient leurs chalets. Le couchant le dore ou l'ensanglante, réchauffe de pigments verts le bleu de son ciel ; la fin de l'été le roussit ; le dessous d'ocre nourrit encore par-dessous la ferveur de ses tons.

Mais le portrait du Frioul ne doit pas nous faire oublier celui des Vénitiens. Devant la figure humaine Titien est si sûr de sa maîtrise qu'il s'accorde à volonté les deux joies très diverses du portraitiste : jouer la musique des tons éclatants sur le visage et le costume (comme dans la *Bella* du palais Pitti) ou bien (et c'est la joie des vrais maîtres), simplifier pour approfondir. Rien de plus sobre dans sa gravité ardente que cet *Homme au gant* du Louvre (pl. X), dont le visage brun, les mains brunes, se détachent seuls sur le noir du costume et du fond. Mais cet ascétisme monochrome est riche de vie intérieure : concentration, non dénuement. Il arrive à une puissance d'effet que l'échantillonnage n'atteint jamais. Ici, comme partout, la peinture de Titien est une harmonie chaude où l'or fondu règle le ton. Sur les dessous en grisaille épaisse la touche colorée prend des profondeurs somptueuses et s'étale large et saine, à grande coulée, illuminant surtout la chair, qui est décidément la passion et la réussite de Venise.

Il couvre de son envergure toute la peinture de l'Italie du Nord, surtout à Venise. Mais sa gravité se dissout chez les autres en chroniques. Bonifazio (1487-1540) étale un festin vénitien, celui du *Mauvais Riche* (Académie de Venise; pl. XI) dans le rouge et l'or, qui sont avec le vert les notes de Venise. Et pour avoir pareil prétexte il transpose la Bible sur le territoire de la République.

Pâris Bordone (1500-1570), quand il montre *Le Doge et le Sénat recevant du pêcheur l'anneau de saint Marc* (Académie de Venise ; pl. XII), organise une symphonie de rouges : pure idée de peintre qui ne fait que de la peinture, et la compose musicalement en modulations d'une seule note. Mais que de froideur sur ces chairs de marbre ! Et lorsque Moroni († 1578) peint ses portraits (pl. XVI), graves (jusqu'à la rigidité), sobres (jusqu'à l'austérité), c'est sans doute que l'exemple de Titien a porté ses fruits, qui déjà s'assèchent.

C'est au moment où la reine de l'Adriatique, déjà chassée de la Morée (1503), perd coup sur coup Nauplie (1540), Chios et Paros, Candie (1569), Chypre (1571), et ne recueille à Lépante (1571) qu'une gloire inutile, qu'elle trouve pour l'exalter en magnifiques dionysies deux peintres qui sont les derniers : le Tintoret et Véronèse.

Qu'il peigne des tableaux comme le *Miracle de saint Marc* à l'Académie ou couvre la Scuola di San Rocco, le Palais ducal après 1577, d'immenses décorations comme le *Paradis*, Jacopo Robusti, dit le Tintoret (1518-1594), est un réaliste brutal, qui voit en visionnaire et compose en dramaturge. Il a du reste copié des œuvres de Michel-Ange. Son dessin violente la forme, la tord en plafonnements et raccourcis. Lorsqu'il veut se détendre dans les amours mythologiques ou bibliques comme les *Suzanne* du Louvre et de Vienne (pl. XIII), c'est avec une ardeur de volupté qui déchaîne sur la nudité féminine une fougue incroyable de coloris, mais toujours concentré au dernier degré. La *Suzanne* est d'un or autrement fauve que les beautés champêtres de Giorgione ou les *nude* de

Titien. Les orangés magnifiques s'opposent aux bleus intenses, les rouges éclatants aux verts sombres des bosquets. Pour avoir des ombres fortes, ce dramaturge peint la nuit à la lueur d'une lampe. Aussi, après les éclatantes fraîcheurs du *Miracle de saint Marc*, arrive-t-il très vite à ne plus voir qu'en clair-obscur, non en couleurs. Frappés de rayons brusques dans un noir de cave l'*Invention du corps de saint Marc* (pl. XIV) et *Jésus devant Pilate* (pl. XV) sont des apparitions fantastiques. Tel portrait de doge (pl. XVI), le sien propre au Louvre, qui ont tant de caractère, ressemblent à un Caravage, presque à un Rembrandt : des éclairs dans un envahissement de ténèbres. Pour arriver à un effet d'ensemble, les valeurs jouent seules. Ses derniers tableaux sont monochromes ; sur la toile grossière préparée en terre d'ombre brûlée le ton roux est brossé en pleine pâte par un *furioso*, qui ne crée d'ailleurs dans l'ivresse que parce qu'il a d'abord esquissé avec décision. Car cet improvisateur prépare soigneusement le terrain où sa fougue va se déchaîner, sans éviter toujours l'effet de bâclage. Son lyrisme explosif a inspiré le Greco et Delacroix.

S'il diffère ainsi du grand Titien qui fut son maître quelques mois, il diffère plus encore de Paolo Caliari, de Vérone (1528-1588). Ce « Veronese » est venu chercher en 1555 à Venise, la révélation de son génie. Celui-ci est de tous le plus « en dehors », sauf à la fin lorsqu'il peint avec angoisse dans un crépuscule de drame la poignante *Pietà* de l'Ermitage (pl. XVII). Il n'est que de comparer au Louvre ses divertissants *Disciples d'Emmaüs* avec ceux de Titien : ni pensée, ni sentiment, ni souffrance, mais la beauté triomphante de sa Venise. En dehors de toiles comme le *Moïse sauvé des eaux* du Prado et de la galerie de Dresde (pl. XVIII), ses compositions religieuses préférées sont des *Noces de Cana* (pl. XIX), *Cènes*, *Repas chez Simon* ou *Repas chez Lévi*, c'est-à-dire des banquets fastueux, déployés dans les trois dimensions par le peintre le plus décorateur de tous et qui n'est même que cela. Il a l'ivresse de l'espace, dans tous les sens. Comme il fut à Vérone l'élève d'un architecte et d'un sculpteur, il dresse de vastes portiques de marbre à la Palladio et les anime de statues à la Sansovino. Et il les dresse très haut pour aller chercher la clarté joyeuse, qui va croissant jusqu'au cadre. Le ciel est immense, en effet, et d'une légèreté inconnue à Titien et au Tintoret. Au-dessous, la foule des patriciens en costume d'apparat remue, mais gravement. Beaucoup ne sont d'ailleurs que des figurants, de belles taches, qui font bien là. Le Saint-Office lui en demandera même compte. La tradition de Carpaccio revit donc en ce peintre de grands spectacles. Son œuvre est un offertoire à Venise, qu'il sait unique en Italie et au monde, et à sa façon un lyrisme.

Lyrisme d'ailleurs fort savant, qui sait tous les secrets du grand décor. Véronèse, en tableau ou sur le mur, est le décorateur-né. Décorations du Palais ducal, telles que le *Triomphe de Venise* dans la salle du Grand Conseil (pl. XX), des villas palladiennes dans la campagne de Vicence, des villas Barbaro, Contarini, Giacomelli, Emo, révèlent dans leurs tours de force un dessin virtuose qui depuis le Corrège et Michel-Ange accentue l'annonce du baroque. Il lui arrive même, dans ses *Titans foudroyés par Jupiter* (au Louvre), de rouvrir les cataractes michel-angelesques du *Jugement dernier* en modulant des variations sur le thème du *Laocoon*. Mais le meilleur de son génie est le coloris. Non plus le coloris concentré de Titien ni du Tintoret, mais une harmonie de couleurs échantillonnées, bouquet de taches que voile un subtil gris d'argent. Coloris léger, beaucoup moins chaud que celui de ses deux contemporains. Les demi-clartés froides sont sa lumière. C'est la demi-teinte, par exemple, qui fait le charme pénétrant des mythologies amoureuses du Palais ducal. Les timbres d'or où s'exprimait la passion chaude de Titien et du Tintoret s'apaisent dans cette tonalité argentine.

Pendant ce temps les Bassano entrent dans la voie sombre du Tintoret. Le rustique Jacopo Bassano (1510-1592), qui voit les scènes sacrées se dérouler parmi les troupeaux et les ustensiles, épand autour des tons les plus somptueux de Venise des noirceurs crépusculaires. Elles assombrissent ses *Adorations des bergers*. Son fils Leandro (1558-1623) et Palma le Jeune (1544-1628) les épaississent encore. Ces derniers ouvrent ainsi, dès le début du XVIIe siècle, la ville de lumière aux ténèbres fulgurantes du Caravage. On se rappelle d'autre part que, par les véhémences du dessin ou la fougue du pathétique, Véronèse et le Tintoret inauguraient l'art « baroque ». Ainsi, tandis que Florence finit dans le maniérisme michelangelesque, Venise, riche de tous les apports, est aux origines du complexe Seicento.

CHAPITRE II

LA FIN DU XVIᵉ SIÈCLE A FLORENCE : MICHEL-ANGE ET LE MANIÉRISME

Tout en s'abandonnant aux voluptés de la couleur et de la lumière, les grands Vénitiens du XVIᵉ siècle subissaient l'ascendant de Michelangelo Buonarroti, (1475-1564). Mais son génie était trop contraire à celui de Venise pour affecter chez eux autre chose que le mouvement des formes. En revanche, le Titan domine et dévaste la peinture de l'Italie centrale à la fin du XVIᵉ siècle. Et c'est à Florence qu'il déchaîne sa tempête. En face de Venise sensuelle, Florence exaspère en lui sa vieille passion du dessin plastique, qui définit et construit.

Non que Michel-Ange ne soit peintre. C'est chez Ghirlandajo qu'il apprend, dès 1488, son métier d'artiste; et sa première vision d'art vivant est le monde coloré que son patron éveille en fresques dans le chœur de Santa Maria Novella. Il broie les couleurs avant de manier le ciseau, il met en couleurs des estampes allemandes. L'art plat, qui ne donne de la forme qu'une illusion mensongère, est celui de ses débuts, à l'âge où l'empreinte reste. Il est peintre, d'abord parce qu'il a beaucoup peint, et avec allégresse quoi qu'il dise : des tableaux comme le *tondo* de la *Sainte Famille* (1503) (Offices; pl. XXI) ou la *Léda* perdue des projets de tableaux comme la *Vierge au pied de la croix*, de vastes fresques comme la *Bataille de Cascina* pour le Palazzo Vecchio de Florence (au moins en carton, 1503) et le gigantesque ensemble de la *Genèse* (1509-1512) et du *Jugement dernier* (1536-1541) dans la Chapelle Sixtine. Il l'est surtout parce qu'il sait voir en peintre. Pour le tableau il s'en tient, en bon Florentin, à la vieille *tempera*, claire et mate; mais à la voûte de la Sixtine, la fresque limpide et sans secret s'enveloppe de douceur à mesure qu'il avance. On dirait que du *Déluge* à la *Création* (pl. XXII), plus son art s'amplifie dans les proportions, plus il s'attendrit dans la facture. Un coloris fondu caresse le corps d'Ève. Entre les claires draperies des *Sibylles* (pl. XXIII) et des *Prophètes*, les camaïeux verts des médaillons, le corps de marbre des petits *ignudi* et la chair vivante des autres, s'établit une harmonie cherchée et réussie. Dans les lunettes, où veille l'attente inquiète de la race de David, une nouveauté très moderne nous surprend : les plus tendres maternités du siècle y baignent dans les pénombres délicates des Limbes. La douceur du sentiment est devenue mystère du clair-obscur. Inutile de supposer une influence de Léonard. Il suffit que ce grand artiste, plus souple qu'il ne l'avoue, écoute l'esprit du sujet et la loi secrète de son art. Le *Jugement dernier* même (pl. XXIV) ne repoussait pas tous les prestiges du coloris puisque la copie ancienne exécutée par Marcello Venusti (Musée de Naples) antérieurement aux retouches et dégradations, perpétue des sonorités qui accompagnaient à souhait les trompettes du dernier jour.

Malgré tout, son chromatisme est dominé par des forces plus puissantes : sa pensée, son âme, son génie plastique. Il a, spontanément, une pensée cyclique. Les fresques de la Sixtine sont des « cycles » dont l'ampleur égale les ensembles de Giotto et de nos portails de cathédrales. Et il les a conçus tout seul. La puissance de conception du Moyen Age revit en lui. Et sur ce monde créé passe un souffle enflammé de prophétisme, qui naît de sa nature passionnée, puis s'alimente à la Bible, aux écrits de Savonarole. La passion de Dante, qu'il lit et relit, vient encore s'ajouter à ces ardeurs pour exalter ces formes jusqu'à la *terribilità*. Jamais Florence n'avait atteint à ce vertige de spiritualité. C'est précisément pour cela qu'il fallait interdire à la peinture la jouissance dionysiaque de soi-même. Il n'a garde d'écouter un peintre transfuge de Venise, Sebastiano del Piombo, qui lui conseillait de peindre à l'huile le *Jugement dernier*. Au lieu de cette peinture de femme, bonne pour les Flamands, il fallait, pour de grands sujets étalés sur de vastes parois, la technique traditionnelle de Florence : le clair idéogramme de la fresque. Elle est le langage spontané de ce Florentin, né décorateur et théologien.

D'esprit florentin aussi est la traduction artistique de cette pensée. Michel-Ange est le dieu de la forme. De la forme humaine s'entend, car l'humanité ici règne despotiquement : pas de paysage, pas d'accessoires pittoresques, sauf des guirlandes suspendues à la voûte entre les *ignudi*. Rien que le corps humain, souvent dépouillé des draperies dont l'amplifiaient Jacopo della Quercia et Ghirlandajo. Le *Jugement dernier* est une cataracte de nus. Voici que le nu, rare au Quattrocento, triomphe par lui, favorisé d'ailleurs par l'exemple auguste des antiques et le néoplatonisme abstrait. Il apparaît, non seulement comme le résumé des beautés du monde et la suprême épreuve de l'artiste, mais comme la réalité sous la contingence, l'essence sous l'apparence. « Malheur à l'homme qui, ayant eu l'occasion de dessiner le pied d'un homme, s'est arrêté à dessiner la chaussure ». Or, c'est une vision de sculpteur. A la voûte de la Sixtine, le nu est même projeté en pseudo-relief par un peintre plasticien, qui simule des statues et les suspend à des architectures elles-mêmes simulées. La science plastique inspirée des modèles gréco-romains s'aide de l'anatomie, qui cherche sur le cadavre le secret des formes vivantes.

Cette vie est tout mouvement. Ici encore ce moderne dépasse l'antiquité. Le génie dynamique des Florentins s'est en lui exaspéré : il jette le corps en pleine action. Contracté en raccourcis par une science impeccable, tordu en spirale pour obtenir le fameux *contraposto* qui va devenir un lieu commun d'atelier, toutes ces violences ne sont que pour prendre possession de l'espace. La forme déployée dans l'espace et le captant presque tout entier, voilà la formule, s'il y en avait une chez un artiste dont la science même n'est que la servante du sentiment. *Bataille de Cascina* qui n'est qu'un bain d'éphèbes avant le combat, *ignudi* assis de la Sixtine qui tirent de lourdes guirlandes en riant, élus qui escaladent les cieux ou damnés qui tombent en cataractes, autant de gymnastes qui s'emparent à corps perdu de la troisième dimension, à la florentine, mais stimulés cette fois par l'âme d'artiste la plus ardente. Et leur force égale leurs proportions. Le muscle est soulevé en montagnes, même au repos, et tous les muscles font effort à la fois, au mépris des lois physiologiques. Car pour cet artiste la vérité sentie passe avant la vérité observée. Le canon de ces géants à petite tête n'est pas classique : il déforme à la fois la nature et l'antique, en s'inspirant de l'une et de l'autre. Le *Laocoon*, interprété dans le *Jugement dernier* en variations multiples, est ployé chaque fois par le maître à sa sensibilité violente. De tout ce dessin, précis à la florentine, cerné selon la technique de la fresque, mais exalté à la plus haute puissance expressive, surgit un monde surnaturel aperçu par un visionnaire, et fixé par la science la plus dangereuse que la Renaissance ait élaborée.

Dangereuse, en effet. Quand il meurt, en 1564, sa prise de possession sur les artistes florentins est déjà complète. On n'en avait pas connu de telle depuis Giotto. Double emprise, sur les peintres aussi bien que sur les sculpteurs, puisque sa peinture elle-même voit les êtres dans leur plastique plutôt que dans leur ambiance.

Le portrait, il est vrai, s'affranchit un peu. Nous avons étudié dans le volume précédent ceux qui dans la première moitié du siècle avaient insinué dans la vision héroïque du Maître la grâce, l'élégance, et dans son formalisme la morbidesse du coloris : Andrea del Sarto, Salviati, Franciabigio. Léonard et les Vénitiens étaient pour eux les antidotes de Michel-Ange. Mais plus tard sa domination est plus impérieuse. Il avait tué le paysage, qui va s'épanouir à Venise près des automnes opulents du Frioul : il aurait pu tuer aussi le portrait, si contraire à l'esprit d'un artiste qui « *aborreva far somigliar il vivo* ». Heureusement, la vertu de la vie a été plus forte que son empire. Du moins intervient-il entre la vie et lui par l'ampleur des formes et l'énergie du modelé. Au premier abord, il semble n'être pour rien dans les effigies de mutisme glacé qu'Angelo Bronzino a peintes d'après les Médicis (voir volume précédent, pl. LVI) : portraits d'acier, ciselés dans des tons froids, d'exécution lisse sur fond neutre. Mais regardons : la grandeur est partout, et l'*Amiral Andrea Doria*, au Musée Brera, se présente en Neptune au torse athlétique et nu. Vasari lui-même se hausse au-dessus de lui-même lorsqu'il peuple de figures contemporaines ou rétrospectives les fresques du Palais Vieux, l'*Intronisation de Léon X*, dans une harmonie de tons roses et bleus.

Mais dans la peinture d'histoire ce ne sont plus que des « maniéristes » hantés par la manière des maîtres et surtout du Maître. Là est le ravage. Ce qui était chez lui projection du tempérament n'est plus chez ses disciples directs, Daniel de Volterre, Vasari, les deux Zuccheri, que formule répétée. Ils compriment son ampleur en de petites toiles. Rien d'amusant comme telle salle des Offices où le *Christ mort* de Bronzino, qui interprète une *Pietà* de Michel-Ange, la *Forge de Vulcain* de Vasari, qui est une collection d'académies musclées, la *Chasteté de Suzanne* de Gregorio Pagani, qui est la *Nuit* transposée, débitent le Maître formidable en tableautins. Quant à leur science, ce n'est en réalité que métier de virtuose, et rapide. Quand on sait par cœur les règles, tirées de l'Œuvre entre les œuvres, la perfection ne peut être qu'automatique. Vasari déclare avec orgueil que, grâce à Michel-Ange, la peinture à Florence est devenue si savante qu'on fait aujourd'hui six tableaux en un an, tandis qu'on en faisait un en six ans.

Tous sont des dessinateurs forcenés : dessin d'essence florentine, dessin de sculpteur, tout en ressauts et en saillies. La vision plastique cristallise tout ce qu'ils font. Le coloris reste terne, par incompréhension de l'art de Michel-Ange et pour laisser parler la forme dans le silence du ton. Le souci pressant, depuis le *Jugement dernier* terminé en 1541, est de jeter dans l'espace, sur d'immenses parois, des membres contrastés. D'énormes fresques couvrent donc les coupoles des églises, les voûtes et murs des palais : tumultes déclamatoires, où tout est extérieur, sans lyrisme, étouffant sous les sciences prestigieuses, mais un peu stériles — perspective, raccourcis, proportions, anatomie — les qualités vivantes qui naissent de la sensation ou du sentiment. Le « maniérisme » n'est ni un accident, ni une responsabilité exclusive de Michel-Ange : c'est l'aboutissement du goût florentin.

Il a du moins pour lui un métier magnifique qui est une sorte de talent et qu'ils prennent pour du génie. Ils marquent dans l'histoire de l'art. Daniel de Volterre (1509-1566) est un beau parasite de Michel-Ange, qui a voilé pour Pie IV les nudités agressives du *Jugement dernier*. Mais la *Descente de croix* de la Trinité-des-Monts (1541) (pl. XXV) est d'un grand effet dramatique dans sa mise en scène : elle a hypnotisé toute la peinture classique européenne, de Rubens à Rembrandt et à Jouvenet.

Giorgio Vasari (1511-1574) résume à merveille son temps. Et cette richesse de résumé il la met toute dans un curieux tableau de la Pinacothèque de Cortone qui eut pour cela les honneurs de l'Exposition rétrospective du Château Saint-Ange en 1911 : *Apollon écorchant Marsyas*, curieux centon de motifs michelangelesques et de formules d'Ecole. Il est le décorateur *fa presto* qui couvre de scènes religieuses ou d'allégories à grand fracas la coupole du Dôme et le Palazzo Vecchio à Florence, la Sala Regia du Vatican et le Palais de la Chancellerie à Rome. Mais il est juste de dire que ses fresques du Dôme, claires et aigres, acclimatent à Florence la grande peinture de coupoles inaugurée par le Corrège à Parme, et qu'au Palais Vieux le portrait, individuel, vivant, sauve le mimétisme michelangelesque. Le vrai signe des temps, c'est son ouvrage sur les *Vies des plus excellents architectes, sculpteurs et peintres* de l'Italie (1550). L'artiste florentin, qui est toujours un spéculatif, est prédestiné à la critique d'art et à l'esthétique. Et ici c'est pour exalter l'École florentine aux dépens des rivales et, dans l'École florentine, le Maître à qui elle aboutit, comme le progrès à la perfection : le « divin » Michel-Ange.

Au Dôme de Florence et au Vatican, il eut pour collaborateurs un des Zuccheri : deux frères, Taddeo et Federigo, deux décorateurs de talent et célèbres en Europe. Taddeo (1529-1566) est venu en France, appelé par les Guise. Federigo (1543-1609) a exercé ses prestiges jusqu'à Madrid. Reconnaissons-le, dans cette passion des derniers Florentins pour la vaste décoration fastueuse, il y a une lueur de l'avenir. Il faut compter décidément Vasari et les Zuccheri parmi les introducteurs du « baroque ». Mais leur « maniérisme », qui pousse à l'excès les modes d'expression du Maître, a tué la peinture florentine. Or, au même moment, l'École vénitienne, après la mort de Véronèse (1588) et du Tintoret (1594), se traîne avec les Bassano dans l'imitation. La glorieuse peinture italienne du XVIe siècle finit dans le mimétisme.

———

CHAPITRE III

LE XVIIe SIÈCLE :
L'ÉCLECTISME, LES BOLONAIS.
LE NATURALISME.

LE XVIIe SIÈCLE : ESPRIT ET CARACTÈRES GÉNÉRAUX.

Le réveil se produit à la fin du XVIe siècle et au début du XVIIe. C'est en 1585 que l'atelier des Carrache s'organise à Bologne en Académie des *Deside-rosi*. D'autre part, Annibal Carrache et le Caravage, qui sont les deux protago-nistes de l'art nouveau, meurent en 1609. Entre ces deux dates s'accomplit la révolution qui donne au Seicento son indiscutable originalité. Réveil magnifique. Si l'on s'est mépris sur la valeur de ces peintres, c'est peut-être que malgré soi on établit un rapport entre les arts et la décadence politique, qui jette sur l'Italie le manteau de la servitude. Mais l'art n'a presque rien à faire avec le déclin politique. Venise, déjà ruinée par l'ouverture de nouvelles routes commerciales, perdait peu à peu son empire du Levant quand elle donna au monde, de 1500 à 1550, Giorgione, Palma Vecchio, Bonifazio, Pâris Bordone, Titien, le Tintoret et Véronèse. La vitalité du Seicento est débordante : dans l'Arcadie il respire le parfum de la pastorale antique, la « Commedia dell'arte » improvise sa fantaisie verveuse, le drame musical devient l'opéra moderne, les découvertes de Galilée agrandissent les orbes du monde. C'est cette Italie qui lit l'Arioste et le Tasse, écoute le sentiment s'exhaler dans les mélodies de Palestrina et invente la déclamation lyrique avec le théâtre chanté de Monteverde. Amour et galanterie, aventure et romanesque, faste des cérémonies, dévotion bruyante, orchestique monumentale, voilà l'ambiance rajeunie où les Carrache, même le Caravage et leurs disciples, puisent leur inspiration.

Pour être juste, d'ailleurs, à l'égard de la peinture « baroque », il n'est que de se rappeler d'où elle est venue et ce qui est sorti d'elle. On oublie toujours que la « grande Renaissance » elle-même l'a inaugurée : elle est déjà chez Raphaël (*Sainte Cécile*), chez le Corrège, Michel-Ange, Titien, Véronèse, comme la plante dans le germe. Quant à sa vertu de suggestion, elle s'exerce sur tout l'art classique des xviie et xviiie siècles en Europe. La France, de Vouet à Le Brun, la Hollande, de Honthorst à Rembrandt, la Flandre de Rubens, l'Espagne de Ribera et de Zurbaran, même de Velazquez, l'Allemagne d'Elsheimer, ne peuvent s'expliquer complètement sans elle. Fragonard, dans son voyage de 1761, la dessine, dévotement. Toute notre peinture d'histoire du xviiie siècle, de Jouvenet à Doyen, se prend à son véhément dramatisme et, vers la fin, à son coloris. Le goût « baroque » est aux deux siècles classiques ce que l'« ouvraige de Sienne » ou de Lombardie fut au xive siècle : un style international. David commence par lui. Stendhal, amoureux de cette Italie passionnée autant que de celle de 1800, vit ses plus hautes minutes entre Guido Reni et Cimarosa. Le Romantisme surtout est un retour au baroque. Géricault, Delacroix et Sigalon, les « réalistes » eux-mêmes, avec Couture, Courbet, Théodule Ribot savourent ces belles noirceurs du sujet et du ton. Aujourd'hui l'érudition italienne, allemande, française, revenant, au nom de l'Histoire, vers cette époque négligée, découvre ce qu'elle eut de magnifique, de déployé. Il est établi que la peinture du Seicento n'est pas une décadence, mais un renouveau.

Rien d'étonnant. Elle abonde en talents personnels, comme Annibal Carrache, Guido Reni, le Guerchin, et elle a au moins un artiste de génie : le Caravage. Elle fait rentrer dans l'art, voué depuis 1550 aux recherches formelles, la vision pathétique du monde. Sur le clavier de la sensibilité religieuse ou profane elle joue en virtuose des accords étouffés ou sonores. A son goût du faste s'associe tout naturellement le génie de la décoration : les prestiges du Corrège à Parme, de Véronèse et du Tintoret à Venise, de Raphaël, de Michel-Ange, de Vasari et des Zuccheri à Rome, pris ensemble, sont peu de chose à côté de ceux que les *secentisti* étalent sur les voûtes et les parois, de Gênes à Naples, jusqu'à Paris, jusqu'à Madrid. Ils maintiennent la grandiose technique de la fresque, qui mourra après Tiepolo.

On met parfois en doute sa sincérité, en arguant de son goût théâtral et de son habileté technique. Certainement elle compose « à l'effet ». Effets d'antithèse, violents même, qui lui font rechercher les sujets où sont aux prises victime et bourreau, éphèbe et géant hirsute, force et grâce, par suite couleurs énergiques et tons clairs : par exemple *Apollon et Marsyas, Judith et Holopherne, David et Goliath* (Guido Reni). Mais ils ne font ainsi que pousser des recherches antérieures : la Renaissance des XVe et XVIe siècles avait abordé ces morceaux de bravoure. Effet aussi dans les thèmes de dessin : devant la *Mort de Marie* (le Caravage) ou *Andromède délivrée* (Guido Reni), une pantomime excessive, qui se fige en lieu commun, jette en l'air bras et jambes, écarte en éventail les doigts des mains pour dire l'étonnement, l'adoration et le désespoir. Mais si le grave Quattrocento avait ignoré ces véhémences, elles étaient déjà en puissance dans le *Jugement dernier* de Michel-Ange, dans l'*Assomption* et le *Saint Pierre martyr* de Titien et chez Véronèse. Il est certain que l'optique du théâtre, qui maintenant est roi, s'impose au peintre. C'est le retour d'un fait que le Moyen Age avait bien connu. L'*Ensevelissement de sainte Pétronille* du Guerchin (entre 1621 et 1623) n'est pas plus scénique que la *Mise en croix* sur la miniature des *Heures* du duc de Berry. Composition à l'effet, enfin, par le jeu nouveau des valeurs d'ombre et de lumière. Ménagé ou violent, le luminisme devient la loi de la peinture moderne. Mais cette recherche aussi était déjà ancienne. Le dramatisme pictural surgit spontanément de certaines scènes sacrées quand c'est un grand artiste qui les « voit ». Lorsque le Caravage ou le Guerchin firent jaillir leurs éclairs de l'ombre, il y avait longtemps que Piero della Francesca avait fixé à Arezzo la *Vision de Constantin*, que Raphaël avait éclairé en coup de foudre la *Délivrance de saint Pierre* (Chambres du Vatican) et que le Corrège avait fait briller dans la nuit la *Nativité* de Dresde. La vieillesse assombrie du Tintoret, la rusticité alpestre des Bassano, étaient hantées de « nocturnes ». Décidément l'art baroque est né en pleine Renaissance, d'une lente évolution.

L'autre reproche est plus grave. L'art baroque, sur la muraille plus encore que sur la toile, est trop savant, jusqu'à la formule. Il va chaque fois jusqu'au bout de ses ressources, exagère la difficulté pour le plaisir de la vaincre, et joue le grand jeu du *contraposto* comme le chanteur celui des vocalises. Mais la virtuosité aussi était déjà chez Michel-Ange. Elle est l'aboutissement de recherches incessantes dans une Italie qui a déjà trop vécu. L'archaïsme moderne, qui condamne l'art baroque comme infecté du péché de science, n'est peut-être qu'un dilettantisme différent : il mesure la sincérité à la gaucherie.

Aussi les peintres du Seicento expriment-ils « avec un métier très vieux une vision neuve ». Beaucoup d'entre eux, en effet, sont très « nature ». Le Guerchin, Sacchi sortent de la plèbe. Les Napolitains sont gens de la campagne ou de la rue. Le Caravage est une force sauvage. C'est dire qu'il est vain de mettre en doute, quand ils sont habiles, leur sentiment religieux. Il n'y a pas plus sincères qu'eux. Leur décor d'allégresse sensuelle est lui-même une exaltation. Le peuple voyait le paradis pareil aux voûtes peintes par Pierre de Cortone, Lanfranchi ou Luca Giordano, et réciproquement. Cet art jaillit spontanément de l'âme « collective » de ce peuple. Loin d'être un pur formalisme, le baroque, en effet, réhabilite à sa façon le langage de l'âme ; les maniéristes ne l'entendaient plus. Le Dominiquin est un austère, presque un mystique, le Caravage est par sa spontanéité expressive un retour au Moyen Age, Andrea Sacchi a une foi candide et grave ; même le fade Carlo Dolci comble la tendresse refoulée des nonnes. L'œuvre du Caravage, des deux Crespi, témoigne qu'ils ont ce qui fait le haut prix de l'art chrétien : le sens de la douleur. Ils sont « en état de passion » (Burckhardt). C'est sans doute un autre christianisme que celui de Giotto et de Raphaël : celui de la contre-Réforme, d'abord austère à la fin du XVIᵉ siècle, puis triomphante ; mais c'est toujours le christianisme en son essence catholique, malheureusement trop influencé ici par l'Église.

Là est, en effet, la faiblesse secrète : on sent chez les Bolonais la propagande d'une vaste Institution peut-être plus que l'émotion personnelle, qui pourtant n'est pas douteuse. Passe encore que cet art ne parte du cœur que sur un pro-

gramme dicté : c'était aussi la loi du Moyen Age ; mais tout de suite il se tourne
vers le public, en concertant visiblement ses effets. Le « baroque » est le contraire de l'art intime et concentré ; il met en fuite le symbole et ses résonances
profondes. Seul le Caravage, en sondant l'ombre, a touché le mystère.

Mais programme presque toujours, dicté ou inspiré par les docteurs des
grands Ordres. Cet art pose devant l'Histoire le même problème que l'art religieux de la fin du Moyen Age. N'oublions pas que le xviie siècle est une puissante floraison de mysticisme. Des œuvres de sainte Thérèse et d'Ignace de
Loyola, qui façonnent la sensibilité religieuse, viennent aux artistes, avec un
esprit nouveau, des données écrites qui conditionnent dans une certaine
mesure sujet, mise en scène, attitudes et gestes. La suggestion de l'écrit est
alors aussi forte que jamais. Mais elle n'empêche pas le « baroque » d'être un
renouveau technique, né, dans les profondeurs même de l'art, des lois inéluc-
tables de l'évolution.

Cet art a donc, outre sa valeur intrinsèque, un intérêt historique. Il est l'expression adéquate, comme spontanée, d'une sensibilité religieuse nouvelle, et
d'une époque fastueuse, que dominent les tiares d'or d'Urbain VIII et d'Inno-
cent X. Et c'est encore la Gênes, la Bologne, la |Rome d'aujourd'hui.

Cette peinture du xviie siècle est riche et dispersée. Après l'obsession michelangelesque, qui avait, à la fin du xvie siècle, étendu sur l'Italie un manteau
d'uniformité, voici que la vitalité déborde en régionalisme, comme toujours.
Elle foisonne en des centres brillants qui sont chacun une École : Bologne,
Rome, Gênes, Milan, Venise, Naples. Pourtant deux faits organisent cette
multitude. Presque tous les artistes, de quelque province qu'ils soient, viennent
prendre l'air de Rome, y travaillent, et parfois, comme P. de Cortone, s'y établissent et y meurent. Les Carrache y arrivent dès 1597, le Dominiquin dès
1605, le Caravage vers 1587. Ils y trouvent de quoi exalter leur imagination et
se faire l'œil et la main : l'ampleur des horizons latins dans la campagne, la
lumière de cristal qui rapproche les lointains jusqu'à l'illusion du toucher,
dans la Ville même la majesté des ruines et des souvenirs, les collections d'antiques et les œuvres des maîtres de la Renaissance dans les palais, dans les
casinos ou les « vignes ». Aux prestiges du passé s'ajoutent les magnificences
du présent, le mécénat fastueux d'une aristocratie qu'entraîne l'exemple des
princes romains et des familles papales : les Borghèse, les Barberini, les Pam-

phili, les Ludovisi, les Chigi, les Rospigliosi, qui bâtissent des palais et les peuplent de chefs-d'œuvre. Pour tout ce monde, jouir est un art; et l'Art lui-même est la jouissance suprême. Alors, dans cette Rome qui est aussi celle du Bernin et de Borromini, accompagnés en symphonie par le carnaval, par l'opéra et la comédie-ballet, ils accourent, non plus seulement de Florence comme au temps de Léonard et de Michel-Ange, mais du Nord, comme les Bolonais, du Nord et du Midi comme le Caravage et les innombrables caravagistes. Dans ce paradis commun, les tendances se rencontrent et s'échangent. Rien de plus complexe qu'une œuvre de ce XVIIe siècle.

Le second fait, c'est qu'un puissant artiste, le Caravage, parti de Rome, va féconder Naples et susciter l'âpre École napolitaine. Ainsi, à Rome et à Naples se forment les deux visions qui dominent le siècle et d'Italie vont projeter leurs lueurs sur l'Europe.

L'ÉCLECTISME : LES BOLONAIS.

Ville d'Université, Bologne devait fonder une Ecole de peinture, comme Padoue au temps de Squarcione et de Mantegna. Ville professorale, elle devait introniser dans le monde artistique l'idée de doctrine, de règle et d'enseignement. L'École bolonaise sera donc avant tout un académisme. Qu'un simple atelier de peintres se hausse, en 1585, en Académie (d'abord des Desiderosi, puis des Incaminati ou progressistes) sous la direction de Louis Carrache et de ses deux neveux Augustin et Annibal, c'est le signe des temps nouveaux. Celle que le duc de Toscane avait fondée à Florence en 1561 était vouée au culte excessif de Michel-Ange, et son organisation était incomplète. Celle du Carrache est le modèle de toutes celles qui viendront. D'abord elle est une école. Voici donc que le professeur remplace le patron, la pédagogie le vieil apprentissage. Évident est le danger : la création artistique risque de devenir un mécanisme qui fonctionne à vide, système de recettes : *contraposto*, pyramide, balancement de masses, figures de remplissage qu'Annibal appelle « figures à louer », etc. Mais on voit aussi l'avantage : se convaincre que le génie naturel ne suffit pas pour une belle œuvre, mais qu'il y faut science et métier, et qu'ils s'apprennent. L'initiation nécessaire, ce sera (parmi bien des superstitions) le dogme bienfaisant de l'époque classique. Malheureusement Bologne exagère l'importance de l'acquis aux dépens du spontané.

Cet académisme d'école est avant tout un Éclectisme. C'est le contraire de l'hypnotisme michelangelesque. Pour sauver la peinture il commence par appeler à lui la Nature. Les Bolonais, en effet, sont des naturalistes : ils ramènent à l'atelier le modèle de toutes choses, surtout le modèle vivant, que Michel-Ange délaissait pour sa vision, et sa suite pour le travail *di pratica*. Pour peindre la *Communion de saint Jérôme* (Bologne) Augustin Carrache cherche partout un vieux Dalmate et finit par en ramasser un dans la rue. Le *Saint Matthieu* du Guerchin (Musée du Capitole) n'est, lui aussi, qu'un vieux mendiant couché. Pourquoi faut-il que le modèle vivant, au lieu d'être en action libre, « prenne la pose » ? Voilà installée dans l'art la fameuse « académie » d'atelier qui sera l'essentiel de la pédagogie classique. Certains tableaux même comme le *Déluge* d'Antoine Carrache (Louvre), sont une grouillante collection d'académies. C'est un hasard que telle autre, comme le *Samson* de Guido Reni (Bologne), dont le hanchement maniéré n'est que l'exultation de la victoire, soit un chef-d'œuvre. En tout cas le corps humain est descendu des cimes du Sinaï et des hauteurs glacées où régnait le dessin de pur métier, sur le plateau : il est plus près de nous.

Après la Nature, son correctif : l'imitation des Maîtres. C'est l'École bolonaise qui en a fait un dogme. Venus trop tard dans un monde trop vieux, il faut se résigner à se souvenir. Résignation ? Discipline consentie plutôt, car, d'une part, l'imitation n'est pas exclusive de l'originalité, et, d'autre part, la perfection en chaque partie de l'art a été atteinte. Les premiers, les Bolonais proclament que la noblesse est d'avoir des aïeux.

Mais quels maîtres imiter ? Le premier en date et en prééminence, c'est l'Antiquité. L'Académie des Carrache possède originaux et moulages. C'est même sur son exemple que la nôtre installera dans une salle du Louvre un petit musée documentaire. La voûte du palais Farnèse, par Annibal, est une exaltation de la forme antique, la femme-type de Guido Reni est fille de Niobé et ses *Travaux d'Hercule* au Louvre, comme la *Chute des Titans* de Romanelli à la galerie Mazarine de notre Bibliothèque Nationale, sont des variations de talent sur le thème du *Laocoon*. Les Bolonais, en effet, vont tout droit au pathétique véhément de Rhodes et de Pergame. C'est précisément dans le sanctuaire même de l'École, au palais Farnèse, qu'était réunie, avant d'être transférée à Naples, la plus belle collection d'antiques hellénistiques de grand effet, parmi lesquels l'*Hercule*, la *Flora*, le *Taureau Farnèse*.

Mais leurs vrais maîtres sont d'hier et de leur pays. S'il y a des époques élues où l'art ne cherche plus, parce qu'il a trouvé, le XVIᵉ siècle, la grande Renaissance, s'impose à nous. Elle est la maturité et la perfection : la Beauté, le Rythme. C'est celle-là qu'il faut suivre pour bien faire, à condition toutefois, d'en imiter tous les maîtres, non un seul comme les maniéristes.

Donc, à Raphaël on demande le charme de sa mélodie. Voilà pourquoi la *Galatée* d'Augustin Carrache (au palais Farnèse ; pl. XXVI), celle de Lanfranchi (au Louvre), se souviennent de celle de la Farnésine, et pourquoi la *Mise au tombeau* d'Annibal, à la galerie Borghèse, fait penser à l'auguste tableau d'à côté. A Michel-Ange, qui n'est plus dangereux puisqu'il ne règne plus seul, on voudrait prendre la force de son dessin et l'athlétisme des formes. Jamais Hercule, les Titans, Polyphème, Goliath, n'ont tant contracté leurs muscles. Au cœur même de l'École, à Bologne, le palais Zampieri est consacré au gigantisme par les Carrache et le Guerchin.

Mais les dieux, ce sont les Vénitiens et le Corrège. Et ici est la précieuse nouveauté. La stupeur d'Annibal Carrache devant Véronèse, les pâmoisons d'Augustin à Parme, qui s'étalent dans leur correspondance, révèlent pourquoi ils sont bien plus peintres que les maniéristes. Lorsqu'Annibal ploie devant la *Bacchante* étendue le faune qui lui offre une coupe de fruits, dans une ardeur de tons égale à la chaleur du désir (Offices), ou qu'il déchaîne une *Bacchanale* à la voûte du palais Farnèse (pl. XXVII), il est hanté de Titien. Tous les décorateurs de voûtes, Gaulli, le Père Pozzo, le Dominiquin, Guido Reni, Lanfranchi, ont dans les yeux les superbes offertoires de Véronèse, dressés en colonnades au haut d'escaliers de marbre. Le Corrège est le plus aimé et son influence est immense. C'est lui qui, dans ses fresques de Parme, a donné le modèle des plafonnements glorieux au ciel des coupoles. On cherche aussi son maniérisme de l'attitude et du geste, ses airs de tête, son sentiment pénétrant de l'enfant. On reste ébloui de ses effets de clair-obscur, surtout de la *Nativité* de Dresde, qui éclaire étrangement la nuit. Annibal Carrache, Carlo Maratta, Pierre de Cortone, en attendant Luca Giordano à Naples, sont hantés de cette grâce enveloppante. Voilà pourquoi le linéarisme florentin a disparu. L'École bolonaise essaie de réconcilier en elle les deux visions du monde qui dès le XVIᵉ siècle passaient pour être opposées : la florentine, et celle de Venise et du Corrège.

Pareil éclectisme érigé en méthode comporte un terrible danger : étouffer la personnalité. Mais l'éclectisme de 1600 est une cure venue à temps pour échapper à l'exclusivisme des suiveurs de Michel-Ange. Fidèle à la Renaissance, il les a préservés des extravagances où seront entraînées l'architecture et la sculpture baroques. C'est une hygiène. Et puis, il implique ces deux idées peut-être fécondes : que le progrès ne peut se faire qu'avec l'expérience du passé, et qu'il y a une assimilation créatrice. En fait, les meilleurs Bolonais, Annibal Carrache, Guido Reni, le Guerchin, l'Albane, sont des talents très personnels jusque dans la hantise des souvenirs. La voûte de la galerie Farnèse, tout en résumant l'art du passé, n'est pas un centon aride, mais la fleur des siècles.

Cela ne les empêche pas de regarder la vie, sans être aussi âprement naturalistes que l'école du Caravage. Même la scène sacrée, ils aiment la transposer dans le monde contemporain, crânement, tout comme les artistes du Moyen Age. Et ce nouvel anachronisme est plein de saveur. Les *Funérailles de sainte Pétronille*, du Guerchin (Musée du Capitole ; pl. XL), ont lieu devant un spectateur à pourpoint gris et manches grenat, Flaccus, qu'elle refusa d'épouser et qui n'est qu'un gentilhomme du temps de Grégoire XV. C'est dire qu'ils réussissent le portrait, sans le rechercher. Tous, de Baroccio ou des Carrache au Guerchin, en ont fait d'excellents où l'esprit d'école s'est éclipsé devant la nature. Il en est peu qui vaillent celui que Guido Reni a fait de sa mère, et surtout de sa vieille nourrice (Bologne), par le sens direct de la vie et la franchise quasi flamande de la peinture.

Ils ramènent même le goût des réalités humbles ou familières, et c'est un événement après les rêves eschyliens de Michel-Ange et les pures virtuosités formelles des maniéristes qui le suivent. Voici que pour cardinaux et patriciens le peintre conte les épisodes de la vie courante : la *Chasse*, avec le rendez-vous, la sonnerie de cor, le repas dans la forêt ; la *Pêche*, avec la traînée du filet, la vente du poisson (Annibal Carrache, au Louvre ; pl. XXVIII). C'est la forme, le rythme, le ton, de l'actualité. Même la pure scène de genre, ramassée dans la vulgarité quotidienne, reparaît. N'était la couleur, le *Mangeur de fèves* d'Annibal Carrache (Galerie Colonna ; pl. XXIX), pourrait passer pour un tableau flamand de l'école de Téniers (A. Pérat é). Après le règne de Vasari, c'est, en somme, la redécouverte de la vie. Il est vrai que sur ce terrain familier l'école du Caravage poussera plus hardiment ses explorations.

Quand on s'intéresse à la vie, on regarde de près le sol qui la porte : la gloire des Bolonais, c'est d'avoir rendu à l'art le paysage. La tornade michelange-lesque l'avait dévasté. Ils ont même créé le paysage moderne, qui n'attend ses effets que du concert entre le ciel, la terre et l'eau, même s'il s'y mêle pour la forme de menus personnages. Ce n'est pas à dire que devant la Nature même ils ne se souviennent des Maîtres. Les Flamands italianisés, Mathieu et Paul Bril, installés à Rome dès la fin du XVIe siècle, leur apprennent la densité du paysage, la richesse végétale, et le peu d'importance de la scène humaine Paul Bril collabore même avec Annibal Carrache. Aux Vénitiens, à Muziano, à Campagnola, à Titien surtout, ils demandent une disposition générale, les rous-seurs automnales et la splendeur des couchants. En tout cas Annibal Carrache, le Dominiquin, Guido Reni, l'Albane, éveillent toujours derrière la scène un décor ou une émotion de nature que Michel-Ange avait brutalement étouffée. Nature de belle ordonnance en ses trois plans, dont le premier est un sombre repoussoir. C'est le Seicento qui a propagé cette dernière convention, dont le XIXe siècle a fait justice. Toujours un peu décorative par tradition, le plus sou-vent contrastée, c'est-à-dire bouchée d'un côté et ouverte de l'autre en échap-pée lumineuse, à la façon de Titien, sous un ciel qui maintenant se charge de nuages fuligineux. De la *Nuit*, de l'*Aurore*, le Guerchin et Guido Reni tirent encore des effets nouveaux. Ce sont eux, enfin, qui, avec l'apport des septen-trionaux romanisés comme le Rhénan Elsheimer, inventent cette vision de majesté classique : le paysage composé, dont l'ampleur harmonieuse embrasse l'humanité, la fabrique ou la ruine romaine, et la nature construite elle-même comme une architecture. La *Fuite en Égypte* d'Annibal Carrache (1604, Galerie Doria) est déjà le paysage historique de Poussin, qui l'a connue. C'est de l'es-sence de latinité.

Même dans la fiction, c'est encore une réalité immédiate qu'ils cherchent : la femme et l'amour. Aussi, prenant la suite directe de la Renaissance, recréent-ils la mythologie païenne. Le Concile de Trente, ici, n'a pas eu d'effet. Car si, en 1573, Véronèse est traduit devant le Saint-Office à propos de son *Repas chez Lévi* pour avoir mêlé à l'Évangile des figures de fantaisie, vingt-deux ans après, à la voûte de la galerie Farnèse (1595-1600), Annibal Carrache et ses auxiliaires chantent, sur programme fourni par deux cardinaux, les Amours des Dieux, particulièrement les duos qu'Ovide a notés pour nous : Aurore et Cé-

phale, Vénus et Anchise, Jupiter et Junon. Désormais la Galatée de Raphaël
paraît morne. Il y faut la chaleur de Jules Romain, avivée de celle de Titien.
Dans celle de la galerie Farnèse, l'audace du geste égale celle de l'attitude.
Guido Reni consacre à la femme le meilleur de son talent. Il suffit de rappeler
l'allégresse du *Centaure Nessus enlevant Déjanire* et souriant à sa conquête,
éperdu (Louvre; pl. XXXII). Le premier, il montre le corps de la femme
en action (*Atalante* luttant à la course le long de la mer; Musée de Naples).
D'instinct il va aux thèmes qui parlent d'amour : *Cléopâtre* (Prado; pl. XXXII)
et *Lucrèce* (Prado). Piquée par l'aspic ou percée du poignard, elle n'est qu'un
pur prétexte à peindre de beaux yeux levés au ciel et surtout une gorge
ronde et grasse, doucement modelée en ombres grises. Même le grave Dominiquin, dans la *Chasse de Diane* (Galerie Borghèse; pl. XXXVIII), sonne
l'appel des gracieuses nudités, à l'aube, et étudie, en vrai peintre, les tons
argentins que prend la chair des baigneuses adolescentes sous la transparence de l'eau.

Instinct de peintre et ambiance devaient les amener au roman contemporain. C'est cette Italie, liseuse de l'Arioste et du Tasse, qui invente un romanesque très spécial, fait d'exploits héroïques et d'ardeurs amoureuses : *Bra-
damante et Fiordespina* du Guide (Offices), *Renaud et Armide* du Dominiquin
(Louvre), *Tancrède blessé* du Guerchin (Galerie Doria), *Herminie chez les bergers* du Guerchin (Louvre), c'est toujours l'occasion du geste tendre, de l'attitude penchée, du regard noyé, et surtout, puisque c'est d'art qu'il s'agit,
de demi-tons délicats. Alors s'épanouit le Jardin d'amour (Renaud et Armide),
avatar du Paradis terrestre des vieux Flamands et qui refleurira chez Rubens.
Il y manque un peu, il est vrai, le trouble le plus sensuel, la chaleur interne du
coloris, qui ici s'échantillonne ou se voile. Dans la ferveur concentrée d'une
seule nudité de Titien il y a plus de contagion que dans le bêlement de ces
enamourées.

Malgré tout, peindre la nature vivante en des sujets profanes n'est pas leur
principale mission. Ils sont avant tout les peintres d'une Renaissance catholique qui a duré deux siècles en Italie, et qui dure encore en Espagne : la contre-
Réforme. Mais il faut s'entendre. Le concile de Trente (1545-1563) n'explique
ni toute la peinture religieuse, ni surtout ce qui relève de l'art et de sa technique. Ainsi il y a un peintre de sentiment religieux très pur au début du

XVIIe siècle : F. Baroccio (1528-1612). Son catholicisme féminin et suave s'exprime par un dessin gracieux qui allonge les paupières de la Vierge sur les petits yeux tirés à la chinoise. Le coloris très blond, touché à facettes, enveloppe tout ce menu d'une douceur séduisante qui est déjà du XVIIIe siècle (*La Fuite en Égypte*, Pinacothèque Vaticane ; pl. XXX). Ses tons légers, de clarté chantante parce qu'ils sont « mangés », sont nouveaux dans la peinture chrétienne. Or Baroccio est formé quand le Concile affirme son esthétique. Le Corrège et le Parmesan sont les pères spirituels de son « expressionnisme ». Et il est antérieur à l'école des Carrache. Les Carrache eux-mêmes sont plus proches en esprit de la Renaissance païenne que du concile de Trente, et leurs tableaux religieux assemblent avant tout des têtes d'expression.

Mais il n'y a pas qu'eux. L'art qui les accompagne et les suit, tantôt exprime le catholicisme pâmé de sainte Catherine de Sienne, de sainte Thérèse et de saint Ignace de Loyola, tantôt traduit un sentiment ascétique. Dans cet art, qu'on croit tout en dehors, l'esprit monastique est resté pour sauvegarder la vie intérieure. Il se met au service de tous les ordres religieux, et pour eux revient même puiser aux textes hagiographiques. Giotto lui-même n'avait pas créé une « iconographie » plus riche de saint François, qui offre sur son visage d'ascète, stigmatisé, ravi en extase, tout le clavier de l'expression, et sur sa robe de bure une belle harmonie de fauve ou de gris. Rien qu'à la Pinacothèque de Bologne on le trouve multiplié par le pinceau de Gessi, de l'Albane, de Dal Sole, de Calvaert, de Guido Reni. Pas un qui ne l'ait « fait ». La rencontre de Bologne la savante et de la spiritualité franciscaine est un événement captivant de l'histoire. Les Camaldules inspirent à Andrea Sacchi (1598-1661) une scène de gravité émue, aussi sentie qu'un Le Sueur : *Saint Romuald racontant sa vision* (Pinacothèque Vaticane ; pl. XXXI). Pour les Chartreux aussi ils ont des trouvailles. Le *Saint Bruno* du Guerchin (Bologne) est, dans son austérité dorée et chaude, un paradoxe réussi. Évidemment ces moines ne poussent pas aussi loin que ceux de Zurbaran, qui sont espagnols, la vocation de l'intensité ; mais ils offrent tout un répertoire nouveau de gestes, d'attitudes et de tons dépouillés.

Mais le grand arbitre de l'art est la milice romaine et pontificale fondée en 1534 par un Espagnol, Ignace de Loyola : la Compagnie de Jésus. Elle n'a pas créé l'art baroque; mais, en associant au réalisme pathétique de l'Espagne la rhétorique italienne, elle double sa force d'expansion. C'est elle qui le propage à travers l'Europe. Il humanise le divin, le fait voir et toucher. La *Vierge ado-lescente* de Guido Reni, à l'Ermitage, c'est une jeune Romaine travaillant avec des couturières. Une autre, veillant sur le sommeil d'un bébé, le doigt sur la bouche, c'est la Vierge au silence, ou *Le Silence* du Carrache (National Gallery de Londres et Louvre). La religion n'est plus qu'images, et ces images sont des sensations. On a le culte de la sensation. Il va sans dire que le réalisme douloureux se prête à ce goût morbide qui veut palper le surnaturel après l'avoir incarné (*Le Christ mort* d'Annibal Carrache, Galerie de Dresde ; pl. XXIX). L'horreur n'est pourtant pas la Muse de Bologne, comme elle le sera de Naples. Il n'y a pas de martyre dans l'œuvre des Carrache. Mais après eux il étale, avec le détail de ses apprêts matériels, tous les modes de la souffrance physique. Le sang coule : c'est une belle tache en peinture. Il gicle sur le cou de la *Sainte Agnès* du Dominiquin où le glaive s'enfonce. Nous verrons pire, il est vrai, avec la suite du Caravage. En un sens, l'art baroque inspiré par les Jésuites est un retour au Moyen Age douloureux. La preuve, c'est que se mul-tiplie le supplice de l'héroïque éphèbe, *Saint Sébastien*. Sur le corps jeune et beau où sont fichées les flèches, Annibal Carrache (Capitole) fait vibrer une lumière corrégienne, Guido Reni répand la langueur (Capitole), ou les mêmes lividités qui noient dans la désolation le nuage et la mer (Louvre et Bologne). Il va sans dire qu'abondent aussi le *Christ en croix*, la *Descente de croix* et la *Mise au tombeau*. Le *Crucifix des capucins* de Guido Reni (Bologne) est un émouvant *lamento* qui émerge des ténèbres. Il est aussi un spécialiste de l'*Ecce Homo*, à mi-corps, yeux levés, couronné d'épines qui s'enfoncent dans la peau du front d'où le sang dégoutte. Mais il y a une différence avec le Moyen Age et avec l'Espagne : c'est que le Bolonais garde toujours dans la souffrance la superstition de la beauté et du style. Le rêve apollinien, ici, n'abdique jamais.

Le grand thème, c'est la Vision : *Ascension, Assomption, Vierge en gloire*. Le surnaturel descend près des humains, à portée de leurs yeux et même de leurs mains. Le Pérugin, Raphaël, Titien, avaient bien inauguré ce mysticisme réaliste qui crée le merveilleux chrétien, mais il devient le lieu commun des artistes parce qu'il est une obsession des fidèles. C'est maintenant toute une scénographie concertée, qui est pourtant sincère. Un schéma de composition d'abord : les deux registres superposés de la terre et du ciel, avec le difficile problème de les relier l'un à l'autre. En haut, le divin devenu visible par la déchirure des nuages fuligineux ; en bas, les fidèles électrisés. Puis tout un dynamisme de dessin : le raccourci des têtes et des bras tendus, le corps dressé, les yeux levés. Tout un programme de lumière aussi : « gloire » qu'il faut lumineuse puisqu'elle est l'irradiation du divin, jaunâtre malheureusement, rosâtre à l'origine, et ternie par le temps sur les dessous. Opposition enfin de cette « gloire » et des tons sombres qui revêtent la vie terrestre. Arrêté par Annibal Carrache, amplifié par Guido Reni et le Guerchin, le schéma devient universel en Europe, dans l'Espagne de Zurbaran et de Murillo, dans la France de Le Brun et la Flandre de Rubens.

En même temps le goût du pathétique multiplie la figure à mi-corps. Cultivée déjà par les graves Vénitiens, les Bolonais en font la « tête d'expression », qui fera fortune dans notre art classique. En poursuivant jusqu'au lieu commun la vérité des sentiments qui modèlent le visage, l'amour, l'adoration, la douleur morale ou physique, ils préparent les célèbres recettes de Le Brun. L'Académisme est toujours à l'horizon de Bologne. Mais cet art « psychologique » a sa nouveauté, et la vertu des tempéraments fait souvent du résultat un chef-d'œuvre. C'est d'abord l'Ascète, saint François, qui revit maintenant son âge d'or. Même la sèche Florence se penche avec Cigoli (1559-1613) sur ce beau sujet. Il fallait donc s'attendre à ce que la vertu expressive des « Trois âges » les attirât. La vieillesse d'abord, qui est pour un peintre le ravinement. Ce sont eux qui ont créé pour deux siècles le poncif de la « tête de vieillard », saint Joseph, Apôtres, bien plus vieux que dans la *Cène* de Ghirlandajo ou de Léonard ; surtout saint Jérôme, modèle plébéien toujours, mendiant exténué et déjà près de Dieu, broussailleux, édenté et chauve. La *Communion de saint Jérôme* (Augustin Carrache à Bologne, le Dominiquin au Vatican) flatte leur désir des plans énergiques, sculptés par l'ascétisme en collaboration avec la sénilité. Ces pianistes de la sensibilité jouent décidément toute la gamme de l'expression.

Les notes tendres leur sont données par la femme et l'enfant. Celui-ci leur permet des réminiscences corrégiennes. La *Vierge au silence* (Annibal Carrache, Guido Reni), simple couchage d'un bébé sous le frôlement d'ombres transparentes, voilà qui enchante leur talent et la clientèle. Bien entendu, ils préfèrent encore la femme, et pour elle surtout concentrent l'effet en se limitant au buste ou à la tête. Pour la Madone, Carlo Dolci toscan (1616-1686), Sassofferrato romain (1609-1685), Carlo Maratta (1625-1713) hanté de Pierre de Cortone et du Corrège, composent un type de tendresse douceâtre dont le dessin coulant, l'azur des yeux levés, la draperie bleu cru et la touche blaireautée ont affolé les nonnes. Il a un intérêt historique. Logiquement prennent place dans cette théorie les femmes qui insinuent dans la Bible sauvage et dans l'Évangile le parfum de l'amour : Judith, Hérodiade, surtout sainte Madeleine. La pécheresse, blonde et grasse, est caressée par le pinceau blafard de Guido Reni (Louvre), avec des souvenirs de la Niobé antique, des modèles titianesques, et un sentiment persistant du péché, si bien qu'elle se distingue à peine des Cléopâtre et des Lucrèce. Elle est même tout près de se confondre avec la Sibylle, qui est, elle, l'Inspiration. Le Guerchin aussi l'a beaucoup aimée (Offices, à Florence ; Capitole, à Rome). Enfin, voici les trois saintes qui pour eux sont le thème de l'Extase : sainte Marguerite de Cortone, sainte Thérèse, surtout sainte Cécile, tendrement aimée de ce siècle passionné pour la musique et pour Raphaël (le Dominiquin, Louvre ; pl. XXXIX). Extase mystique ou musicale, ces contemporains du Bernin sont, dans l'histoire de l'art, les maîtres du ravissement, que ni le Moyen Age, ni le Quattrocento (sauf Fra Angelico et le Pérugin) n'avaient connu. C'est pour eux un beau parti de lumière et d'ombre, une immobilité animée, comme un saisissement des formes, une illumination des traits. L'art, avide des états exceptionnels, saisit l'être humain au moment où il sort de sa personnalité.

Les Bolonais ont vu le monde sous des couleurs nouvelles. Certes, ils ne renoncent pas à l'ardente splendeur des tons vénitiens. Le *Samson victorieux* de Guido Reni, à la Pinacothèque de Bologne, chaud et ambré sur un ciel bleu-vert à la Véronèse, ne serait pas dépaysé à l'Académie de Venise. Mais, d'une part, ils goûtent les acidités, les bleus froids, les rouges aigres, qui se transmettront à notre École française ; d'autre part, ils aiment la salissure. On dirait qu'ils cherchent toujours, en mélangeant de terre le ton, à le rompre ou à l'éteindre. Il en est un qu'ils ont propagé dans la peinture européenne pour deux siècles : l'ocre jaune tirant sur le roux, dont ils alourdissent les manteaux de leurs saints. La lumière des « gloires » est un jaune rosâtre sans chaleur, sans vrai rayonnement, sans franchise. Enfin, au ton lui-même ils préfèrent souvent les valeurs, chargent de cendre le nuage aérien, charbonnent le ciel, font glisser sur les chairs des ombres argentines, enveloppent la scène entière d'une sorte de voile fuligineux qui est pour éveiller des résonances émotives, comme la chaude lumière vénitienne se transposait en allégresse païenne. Cette lividité s'explique quand il s'agit de l'agonie ou de la mort. Mais quand le vigoureux fossoyeur qui enveloppe sainte Pétronille dans le suaire (le Guerchin) est aussi blafard que le petit cadavre ; quand la gorge de la pécheresse d'hier, de sainte Madeleine, est aussi ivoirine que celle de Cléopâtre piquée par l'aspic; quand le groupe sportif de Guido Reni, *Atalante et Hippomène*, est aussi blême que les cardiaques en mal de syncope, il faut bien supposer, ou que la préparation brunâtre a mangé les glacis, ou qu'il y a là un goût morbide qui est nouveau dans la peinture européenne. En tout cas ils réussissent à ce qu'ils cherchaient : l'effet.

Aussi leur grande décoration est-elle encore supérieure à leurs tableaux. La destination précise et certaine, l'intégration dans un vaste ensemble, sauvent ses défauts de détail. Elle reste la gloire du Seicento, l'aboutissement de la tradition nationale avant Tiepolo, qu'elle prépare, et le modèle de la grande peinture décorative classique en Europe.

Dans les églises sa technique est presque une nouveauté, car ni Raphaël à la Farnésine, ni Michel-Ange à la Sixtine (sauf *Dieu créant le monde*) ne faisaient plafonner leurs figures. Sous l'aspect de tenture ou de tableau, la scène n'était que pour être vue d'un seul côté. Ce sont les maniéristes de la fin du XVIᵉ siècle, Vasari et les Zuccheri, et les derniers Vénitiens comme Véronèse qui, sur l'initiative du Corrège à Parme, ont propagé ces prestiges. Mais quel brusque déploiement au début du XVIIᵉ siècle ! Tout les stimule. L'architecture religieuse est en plein renouveau : Vignole, Maderna, Borromini, les Rainaldi, Fontana, multiplient voûtes, coupoles et pendentifs. La contre-Réforme triomphante, assurée par les Jésuites, apporte en ces lieux d'élection son faste orgueilleux. Enfin le goût de l'opéra fait rage ; Rome n'est plus qu'une vaste scène où tous, cardinaux, patriciens, architectes, sculpteurs, peintres, apportent l'optique du théâtre.

Alors un art très spécial s'éploie là-haut. En fresque bien entendu : le XVIIᵉ siècle est son dernier éclat avant Tiepolo. Toujours une « gloire » ou une vision : vision de paradis, qui troue la calotte de pierre en ouvrant aux fidèles les profondeurs du ciel infini. Mensonge, mais logique à une voûte d'église, et comme spontané. La perspective linéaire multiplie ses artifices dans les pseudo-architectures, vues d'en bas et qui semblent continuer les murs mêmes de l'édifice, et dans ces raccourcis violents des personnages aperçus par la plante des pieds. Car ce « plafonnement », c'est le triomphe d'une virtuosité très italienne, le *sotto in su*, c'est-à-dire le « sens dessus-dessous ». Le dessin d'esprit toscan a ici son aboutissement. Mais en même temps la perspective aérienne qu'exige la vision paradisiaque distribue du centre vers les bords, par irradiation, la lumière qui émane des personnages divins. La décoration des voûtes et coupoles maintient donc la clarté dans la peinture baroque, qui s'assombrissait sur le tableau d'autel. Une multitude sacrée repose là-haut sur des nuages grisâtres, ou traverse l'étendue jaunâtre, lancée en acrobaties tumultueuses où se trahit la passion de l'artiste, devenu trop savant, d'interpréter l'espace. Elle empiète même, avec les nuages, sur les membres de l'architecture, sur les archivoltes des grandes arcades, sur la ligne coupante des architraves. Illogisme encore, mais illusion. Fracas étourdissant, qui donne tort à ceux qui croient qu'il n'est d'effet décoratif que dans le calme. Il s'accorde étroitement, sinon avec le mouvement général des formes architecturales, qui reste assez sage, du moins avec la luxuriance du décor et la richesse polychrome des matériaux. Il faut, en effet, juger cet art, qui jamais ne cherche le quant à soi, moins par la valeur du morceau que d'après l'ensemble qu'il compose et qui s'intègre à son tour dans un ensemble plus vaste. Il y a là une symphonie, elle-même très expressive d'une forme générale du sentiment religieux. Ces coupoles proclament non seulement la beauté de l'allégresse physique, mais aussi la joie du catholicisme enfin rassuré.

Cette peinture murale foisonne. Gaulli à la voûte du Gesù (1667-1682), qui ressemble à un théâtre, le Dominiquin à Sant'Andrea della Valle, Lanfranchi dans la même église et à San Martino à Naples, en donnent de beaux exemples. Mais le chef-d'œuvre est la voûte de Sant'Ignazio à Rome, l'*Apothéose de saint Ignace de Loyola* (1685-1689) (pl. XXXIV). Le Père Pozzo, jésuite architecte et perspectiviste, y a littéralement volatilisé la voûte par des effets inouïs de trompe-l'œil; tous les guides mentionnent certain miracle de dessin, qui est un mirage. La Compagnie de Jésus a fait ainsi descendre le Paradis à vingt mètres de la terre *ad majorem Dei glorium*, et il est de très grand effet décoratif.

Pendant ce temps, le palais du xviie siècle, fastueux à Gênes, haussé sur portiques à Bologne, massif et grandiose à Rome, se revêt d'un décor analogue. Mais cette fois le sujet est profane : il y a donc un accord plus intime entre son esprit et cette luxuriance païenne. Apothéoses encore, mais de dieux très humains, turbulents dans leurs amours comme dans leurs colères. La sensualité ici est donc double. Et, cette fois, est reprise l'innovation de Jules Romain à Mantoue et des décorateurs du palais Spada à Rome : la peinture s'encadre de reliefs de stuc. Simulés à la galerie Farnèse, ils sont réels aux plafonds du palais Pitti ; Versailles s'en souviendra. Dès le début du siècle (1585-1589), les *Amours des dieux* peints par Annibal et Augustin Carrache à la voûte du palais Farnèse donnent la note. C'est un brillant paganisme humaniste, dionysie sans délire ni profondeur mythique, mais très « enlevée », où beaucoup de souvenirs des maîtres se fondent dans la douceur du coloris très blond. Éclectisme qui finit la Renaissance plutôt qu'il ne commence une ère. Dans les jardins l'*Aurore* devait se lever tout naturellement au ciel des casinos. Celle de Guido Reni au casino Rospigliosi (pl. XXXIII), conçue en tenture, renouvelle dans une gloire safranée l'élégance des formes raphaélesques. Celle du Guerchin qui plafonne au casino Ludovisi, avec la *Nuit* à côté, (pl. XLI), a de pénétrants effets de clair-obscur qui feraient croire qu'on est vraiment dehors, sous les cyprès, aux heures poétiques du jour qui vient ou qui s'en va. C'est de la « sensation transposée, mais qui reste » (A. Pératé). Il va sans dire que les reflets en sont parvenus chez nous, aux châteaux de Vaux et de Sceaux, décorés par des Français qui furent familiers de ces « casins ». Aux palais Barberini et Pitti (pl. XXXV) le brio de Pierre de Cortone, Florentin (1596-1669), déploie sur des figures chiffonnées tant de gaieté dans une clarté blonde — encore, — qu'on sent venir Tiepolo. Or, Pierre de Cortone a pour collaborateur Romanelli, qui en apporte à Paris, à la galerie Mazarine (1648) et au Louvre dans les appartements d'Anne d'Autriche (1654), des reflets un peu aigres que Michel Anguier encadre, à l'italienne, de stucs dorés. Notre grande peinture décorative des xviie et xviiie siècles, celle de Le Brun, de François Lemoine, est fille de cette Italie plus ou moins « bolonaise ».

Les talents sont assez personnels pour se détacher nettement. Le meilleur des trois Carrache, Annibal (1560-1609), est un talent facile et habile, qui a peu d'émotions de cœur, mais parfois de vraies émotions de peintre. En ramenant vers les maîtres de l'âge d'or la peinture dévoyée par le maniérisme, lui et ses auxiliaires redécouvraient la nature et la discipline. On comprend qu'il ait fait figure de réaliste, c'est-à-dire de révolutionnaire. Si le plafond de la galerie Farnèse est un chef-d'œuvre, c'est qu'en 1589 il clôt la Renaissance dans un éclat d'apothéose.

Leurs disciples directs sont déjà plus différents du grand passé classique. Tout en se souvenant beaucoup ils cherchent leur voie dans la pratique de l'ombre. Guido Reni (1575-1642) est un féminin, qui demande le pathétique à un dessin un peu coulant mais distingué, à la florentine, et aux douces ombres argentées. Il est le « dolce Guido », qui ne force rien, sauf quand il imite le Caravage. Même dans le martyre ou l'extase il reste correct, lisse et un peu froid. Mais quel métier sûr, et quelle science de l'effet dans les demi-teintes grises, surtout sur les gorges grasses des pécheresses ! *Madeleine, Cléopâtre* (pl. XXXII), *Saint Sébastien*, il joue sur notre sensibilité d'un pathétique où la souffrance ressemble à de la volupté, dans des oppositions de noirs plus ou moins riches et de lumières blanches. Ce qui ne l'empêche pas de trouver pour les portraits de sa mère et de sa vieille nourrice (Bologne) une franchise flamande et des tons frais. Il a fait les délices du Français qui a le mieux « senti » cette Italie, Henri Beyle, c'est-à-dire Stendhal, qui précisément situa entre Milan et Bologne la beauté et le bonheur.

L'Albane (1578-1660) est l'Anacréon des petites mythologies amoureuses où règnent la femme et l'enfant. Galante est l'inspiration, qui est un retour du genre « Herculanum ». Menue et ronde la forme, blafarde la chair, sur laquelle éclatent crûment le bleu ou le rouge des draperies. Mais derrière ces mignardises ivoirines comme la *Danse des Amours* (Musée Brera ; pl. XXXVI), s'étendent des paysages profonds et roux.

Domenico Zampieri, dit le Dominiquin (1581-1641) est le seul, ne disons pas qui soit sincère (ils le sont tous), mais simple, grave, et dont l'émotion soit pénétrante. Il donne un démenti au préjugé sur la virtuosité artificieuse des *fattori*. Poussin l'aima. Sa *Communion de saint Jérôme* (1614) (Pinacothèque Vaticane ; pl. XXXVII), bien qu'inspirée de celle d'Augustin Carrache (Bologne), a tant d'intensité qu'elle a engendré un poncif : le vieux saint en extase. Il y aura désormais un réalisme « mystique » d'atelier. Cela ne l'empêche pas de mettre ses réminiscences raphaélesques et corrègiennes au service des romanesques amours de *Renaud et Armide*, et de l'adolescence virginale qui se baigne dans les demi-tons autour de la *Chasse de Diane* (1621) (Galerie Borghèse; pl. XXXVIII). Malheureusement, c'est un laborieux ,qui reste lourd. A vrai dire il ignore les délices de la peinture.

Le plus puissant de tous est Francesco Barbieri, le Guerchin (1591-1666). Certes il a été touché par Guido Reni, n'ignore ni le romanesque ni le *sfumato*, cherche le ton, le complique, ou l'allège en transparences. Malgré tout, né à Cento, c'est un paysan : il sera naturaliste, rudoyant la forme dans l'ombre opaque. C'est aux bruns qu'il demande des résonances émotives, presque toujours graves ou douloureuses. *L'Ensevelissement de sainte Pétronille* (Musée du Capitole; pl. XL) est une grande masse brune, où le ton suffit presque à l'expression en dehors même du sujet. Il se plaît même aux nocturnes : *Endymion* de la Galerie Doria, dormant sous le croissant lunaire, et la *Nuit* du casino Ludovisi (pl. XLI), sont des notes de sensibilité moderne, presque romantique. Cet énergique a très bien su, du reste, à qui s'adresser pour corriger l'art trop traditionnel des Carrache et de leurs émules : au Tintoret et au Caravage. C'est donc un « Bolonais », qui lui-même nous amène à l'École brutale dont l'audace a tout bousculé.

LE NATURALISME ; LE DRAME DE LA LUMIÈRE ET DE L'OMBRE.

Les Bolonais, par leur respect de la beauté, leur tradition du style, leur dessin d'école, continuaient le passé. Au milieu d'un art européen que remuent à fond les nouveautés ils n'apportaient de neuf que leur talent. Le Caravage et les siens apportent une vision nouvelle du monde. La vraie révolution, et qui ouvre la peinture italienne moderne, la voilà ; elle est immense.

Ce n'est plus dans une ville professorale comme Bologne qu'elle naît, mais à Rome et à Naples, dans les milieux où grouille la vie selon la nature. Tous ces peintres, en effet, sont gens du peuple, coureurs de tavernes et de bouges, spadassins à l'occasion, vivant de la réalité crue qui souvent s'achève en drame. La basse pègre et ses exploits entrent dans l'art, changent son milieu, ses types, son coloris, sa lumière. Alors naît le « Naturalisme », le vrai, celui qui n'a peur de rien, ni de la laideur ni de l'horreur. A ce même moment il devient universel en Europe, reliant l'un à l'autre le Caravage, Italien, les Espagnols

Ribera (qui vit en Italie) et Velazquez, peintre des nains de Cour, Rembrandt, Hollandais (très connu à Rome et en Lombardie), les Français Le Nain. Mais ici, à Rome et à Naples, il n'a ni la tenue protestante, ni la mesure française, ni la gravité fière qui donne au mendiant de Castille des airs d'hidalgo. Il se déchaîne, et sous un éclairage singulier qui fait éclater sa violence.

Ici, en effet, est la seconde nouveauté. Sauf chez quelques peintres venus du Nord, qui parfois font du diaphane, tout se passe sous un jour de cave, dans un contraste soudain de la lumière et des ombres. En tout cas, comme la Hollande et l'Espagne, mais autrement, l'Italie caravagesque est avant tout « luministe ». Le duel des ténèbres et de la clarté, c'est la vision nouvelle dans l'Europe occidentale. C'est donc à des moyens de peintre et aux valeurs, qu'on demande l'expression. Mais dures ici sont les valeurs. Pendant que Rembrandt imprègne de transparences la mystérieuse profondeur des ombres, et que Velazquez les baigne d'atmosphère grise, l'Italien les épaissit d'opacité. Peu de reflets, peu de ouate, mais des fulgurances brusques qui transpercent du sombre. Ils créent presque le pathétique de la lumière. Les masses remuent en mouvements puissants, et les êtres sont projetés hors du tableau. Réalisme farouche et vision contrastée de visionnaires, voilà qui nous change de l'Éclectisme bolonais ! Ajoutons qu'à force d'éclairages tranchés et de saillie dans le caractère cet art brutal finit par éclater en poésie.

Le définir ainsi, c'est le voir à travers l'artiste qui exalte ces tendances à la dernière puissance : Amerighi da Caravaggio (1569-1609). Comme l'indique son nom d'origine, ce fondateur de l'École est un Lombard. C'est là-bas que pour la première fois l'Italie, par le pinceau de Léonard, avait sondé le mystère du clair-obscur. C'est tout près de là que le Corrège et les derniers Vénitiens, les Bassan, avaient épaissi jusqu'aux poétiques nocturnes les noirceurs crépusculaires.

Mais on n'explique pas uniquement par l'ambiance un tempérament formidable. Ce Lombard vient d'ailleurs s'installer à Rome dès 1585 et finir à Naples en 1606, et il n'a pas besoin des nocturnes pour étendre son clair-obscur sur le monde. C'est un des puissants animateurs de l'art italien, comme Giotto, Piero della Francesca, Masaccio, Michel-Ange. Ni éclectisme académique à la façon bolonaise, ni « maniérisme » à la façon des successeurs de Michel-Ange, voilà ce qu'on appellerait son mot d'ordre si cet artisan vigoureux n'était un spontané que son instinct travaille. Les Bolonais traînaient une science déjà vieillotte ; lui, il « sait » au moins aussi bien, mais il travaille de génie. Et que la déformation y aille, si la correction n'y peut aller !

L'Art revient décidément à la réalité ; et à la plus basse, car c'est là qu'on entend sourdre les puissances de vie. Le Caravage n'est pas théoricien, mais d'instinct il a horreur de l'aristocratisme des Carrache, comme Courbet plus tard rira des nobles académies de David. Pour lui, la vérité se mesure au bas degré que les êtres occupent dans l'échelle sociale. Et puis, il est peintre : il sent que la tanière du portefaix se prête mieux à son génie de *tenebroso* que les espaces lumineux des *palazzi*. Ce n'est pas que sa « vérité » soit toujours brutale. Le bel adolescent y a sa place, Éros ou Bacchus (Offices), ou ange près de saint Matthieu : éphèbe nu en pleine allégresse de vie, et peint dans le clair avec des souvenirs du Corrège. Il avait vu en sa jeunesse Parme et Venise. Le Caravage coloriste et corrégien, c'est un fait savoureux qu'il faut noter. Et c'est sa première manière. L'éphèbe reparaît d'ailleurs en musicien, joueur de cartes, client de cartomanciennes, avec le costume à crevés et la toque à plume, de grâce fort équivoque. Mais, le plus souvent, rude est le sujet. Car le maître lui-même est rude, et farouche sa vie, traînée à travers les tripots, les rixes, la prison, la fuite, les errements sur la mer, jusqu'à la fièvre qui le couche à Porto Ercole, dans le repos définitif (1609). Aussi l'homme ici règne en maître. Nous ne connaissons pas de paysage du Caravage ; et, d'autre part, en dépit de quelques *suonatrice*, la femme, à qui l'œuvre des Bolonais est consacrée, cède ici la place au mâle. Chez Ribera non plus, ni chez Mattia Preti, ni chez Stanzioni la volupté n'habite. Ni flexuosités, ni morbidesses du ton.

Il va sans dire que le sacré est transposé dans le réel, comme en Espagne et en Hollande, mais plus brutalement. *Décollation de saint Jean* (Naples), *David tenant la tête de Goliath* (Musée de Vienne et Galerie Borghèse), *Sacrifice d'Abraham*, qui prend soin d'étrangler son fils avant de lui couper le cou (Offices), ce n'est toujours que meurtre, à peine transposé. Le détail est horrible. A Naples, *Judith et Holopherne* est une *coltellata* dans une maison close. La *Mort de la Vierge* (Louvre ; pl. XLII) est une scène de noyé sur les quais du port, la *Mise au tombeau* (Pinacothèque Vaticane, pl. XLIII) une scène d'enterrement chez la populace. Voici revenir, après les artifices bolonais, le sens spontané de la douleur.

Aussi l'art est-il grave jusqu'à l'austérité. Pendant que la force dramatique concentre la scène, le dessin énergique ramasse la forme. La saillie plastique est superbe. Ce constructeur met debout des blocs de granit comme la *Mise au tombeau*. Mais c'est du coloris et de l'éclairage que vient surtout la puissance de simplification. Quelques tons rougeâtres, sourdement frappés, comme des gongs dans l'obscurité. L'ombre ici est souveraine, massée en opacités brunes, puis tout à coup transpercée par un rayon qui semble tomber d'un soupirail pour éclairer un front qui médite, une main qui agit. Même quand il s'agit de plein air : le *Narcisse* de la galerie Corsini, qui n'est qu'un *ragazzo* se regardant dans le ruisseau, est un effet de phosphorescence. C'est que le Caravage peint dans un atelier clos, sous une lampe suspendue au plafond : les figures émergent. Il ne définit pas, il révèle Le principal acteur dans la *Vocation de saint Matthieu* est un rayon. Pas d'air, pas d'atmosphère, presque jamais de transparences ni de demi-teintes. Avec cela, la touche libre et large laisse sur la toile une pâte épaisse qui fait honte à la minceur lisse des Bolonais. C'est donc par la passion que ce réaliste violent est poète, et sa passion explose en clair-obscur, qui lui-même s'achève en mystère. Dans un musée il tue ses voisins. La vision de Rembrandt vient en partie de lui par Honthorst, mais avec les transparences en plus. Pour le portrait elle s'esquissait déjà dans ce magnifique *Alof de Wignacourt* du Louvre (pl. XLIV). Il n'a pas seulement frappé Honthorst, mais presque tout l'art des Pays-Bas, l'Allemagne d'Elsheimer, l'Espagne de Ribera, de Velazquez et de Zurbaran. On comprend qu'aux yeux du noble Poussin « cet homme est venu pour détruire la peinture ». Mais Vouet, Callot, Le Nain, Doyen, Deshayes, lui ont pris quelque chose de sa vision, atténuée à leur mesure. Manet l'aimait et Courbet l'a adoré.

Son emprise ténébreuse sur l'Italie du XVIIe siècle est immédiate. Il lui apprend la vertu expressive et dramatique de l'ombre. Clarté, gaieté, n'y rentreront plus qu'au XVIIIe siècle avec Tiepolo. Mais, comme ils sont moins puissants que lui, ils atténuent la densité de ses ombres, donc l'intensité de ses effets. Et puis, ils construisent moins fortement, mais colorent davantage : ils sont peut-être plus spécialement peintres. Enfin, il était trop près de la vie quotidienne pour songer à décorer : il n'a fait que des tableaux. Il semble, en dépit du Guerchin, donner raison au préjugé que réalisme et décor sont incompatibles. Au contraire, beaucoup de ceux qui viennent sont décorateurs ;

et c'est par la peinture murale, fatalement avide de clarté, que la peinture italienne finira par lui échapper.

En attendant, il s'impose même aux Bolonais disciples des Carrache, à Spada, au Guerchin, même à un élève de l'Albane, Francesco Mola (1612 ?-1668), peintre de ce coup de foudre, *La Délivrance de saint Pierre* (Galerie Borghèse) et de la *Vision de saint Bruno au désert* (Louvre), même au doux Guido Reni.

Il semble avoir moins de prise sur Florence. Elle cherche dans la fougue du coloris avec Cristofano Allori (1577-1621), dans l'aigreur avec le peintre des fades *Madones* en bleu céleste (pl. XLVI) Carlo Dolci (1616-1686), la réaction contre Michel-Ange. Quand elle regarde hors de chez elle, c'est plutôt vers Bologne, comme Gentileschi (1562-1647), le peintre de *Loth et ses filles* (Louvre).

Mais son action ne serait guère intéressante si elle annihilait le tempérament du peintre, ou même si elle était seule. L'originalité de ces beaux artistes, souvent si près de nous par l'expression picturale, c'est qu'elle se forme d'influences étrangement diverses. Saveur très complexe. Voici par exemple un Romain : Domenico Feti (1589-1624) qui, né à Rome, y est l'élève du Florentin Cigoli, mais cède à l'empire du Caravage, semble transposer dans la vie journalière les *Paraboles* de P. Brueghel, et laisse même pénétrer dans sa *Mélancolie* du Louvre (pl. XLV) des réminiscences de celle de Dürer. Et cet inquiet est un romantique, vrai poète par l'accent moderne du sentiment et par le sentiment moderne du ton. Car il est de ceux qui colorent, largement, grassement. Enfin il apporte à Venise, où il meurt en 1624, ce goût du ton décidé qui finira par déterminer l'avenir. Courbet, qui se sentait quelque parenté avec lui, l'aimait.

Venise elle-même est un champ clos où luttent l'ombre, qui vient du Midi, et la lumière, qui vient du Nord. Trois étrangers galvanisent sa torpeur en projetant sur elle, à la fois, l'éclat coloré de Rubens et les noirceurs du Caravage : le Génois Bernardo Strozzi (1581-1644), Domenico Feti, et surtout l'Oldenbourgeois Jan van der Lys († 1629), tout imprégné, jusque dans son caravagisme, des Flamands et des Hollandais. La gaieté des tons s'assombrit. Malgré tout, ces étrangers ne sont jamais que des demi-*tenebrosi*. Venise d'ailleurs avait eu une Renaissance si lumineuse, qu'elle en garde encore l'éblouissement. Enfin elle a toujours le goût des choses extérieures, de ses propres splendeurs, une sorte de narcissisme, qui entretient en elle la concupiscence des yeux. Voilà pourquoi Alessandro Varotari (il Padovanino), Antonio Vassilacchi, Giovanni Contarini, Fumiani, auteur du *Martyre de saint Pantaléon* dans l'église du même nom, gardent encore quelque lumière. Elle est en veilleuse, mais elle veille jusqu'au xviiie siècle.

Florence et Venise avaient du moins une tradition locale. Mais au Nord et au Sud il y a des centres où le champ reste libre à l'emprise caravagesque comme aux influences lointaines qui désormais l'accompagneront toujours. A Milan, l'École lombarde, née de Gaudenzio Ferrari et du Corrège, substitue maintenant à la tendresse suave de ses maîtres une sorte de sombre fièvre mystique. Pier Francesco Morazzone (1571-1626), grand artiste, et Daniele Crespi (1590-1630) sont des passionnés qui jettent les contrastes du Tintoret et du Caravage sur une forme bousculée. Ils ont du monde et de la vie une vision tragique. Rien de plus poignant que le *Saint François d'Assise* de l'un (Musée du Castello, Milan ; pl. XLVI) et l'austère *Moine mort* de l'autre (Musée Brera ; pl. XLVII).

Mais Gênes et Naples surtout sont fécondes. Gênes, en effet, tournée vers la mer et sur une grande route de passage, a toujours été très réceptive. Le Français Vouet, les grands Flamands Rubens en 1607 et Van Dyck en 1621, les frères Wael, y séjournent, y laissent des œuvres porteuses de révélations. Le caravagisme et l'art de Rembrandt y arrivent indirectement, l'un sur l'autre appuyés. Alors l'assimilation créatrice sera sa loi. Et elle sera coloriste plutôt que créatrice de formes. Sans parler des coupoles radieuses du Baciccio, de Carlone, des deux Piola, que Tiepolo et Fragonard ont aimées, elle cultive dans le tableau les réalités familières, voire la nature morte et le « genre », qui flatte sa fantaisie pittoresque. On y discerne la fanfare de Rubens entre les sonorités sourdes du Caravage. C'est la note de Bernardo Strozzi (il Capuccino) (1581-1644), le peintre du *Pifferaro* (Palazzo Rosso, à Gênes ; pl. XLVII), moine défroqué et réaliste vigoureux, qui colore vivement, surtout à Venise où il va finir sa destinée follement romanesque. Van Dyck aussi a des élèves : Carbone, Castiglione, expert au « rendu » des animaux ou des objets (*Les Vendeurs chassés du Temple*). Ils ont même regardé plus loin. Strozzi, Fr. del Cairo, ont dans leur clarté des recherches d'oppositions qui laissent deviner le reflet du poète de la phosphorescence, Rembrandt.

C'est lui qu'à l'extrême fin du siècle on retrouvera dans les phénomènes d'apparition que guette le peintre des *Sacramenti*, du *Confessionnal*, le réaliste ultra-moderne dans les ombres argentines ou brunes : Giuseppe Maria Crespi (1665-1747).

C'est à Gênes aussi que devait naître, tard dans le Seicento, l'étrange Alessandro Magnasco (1667-1749). Il fait la transition entre les deux siècles. Son art semble être sans tenue, lâché, bâclé ; mais de savantes études ont préparé sa fougue lyrique, et toujours un parti lumineux organise la composition, dans des bruns fauves où dansent des feux follets. Ce qu'il aperçoit dans ces visions spectrales, ce sont des petits métiers, des vices, des juifs à la synagogue, toujours des gueux en tout cas (*Noce de bohémiens*, Louvre ; pl. XLVIII), et surtout des moines crispés dont l'étirement étrange continue le Tintoret et le Greco. Il y a dans ces formes sombres quelque chose de déchiré. Sujet et art semblent commandés par le sens de la douleur. Extases des moines, *Pénitence, Neuvaine, Repas au réfectoire, Bénédiction des estropiés, Lutte contre les démons*, sont des hallucinations de voyant. Mais ce voyant a vu Callot et il fait prévoir Goya et Daumier. Ses paysages tourmentés, aussi bruns que la bure des moines, corsent cet ultra-romantisme. Aux Musées Poldi-Pezzoli et Brera de Milan, à la Pinacothèque de Bologne, à la galerie Corsini de Rome, ces œuvres fauves accrochent de l'épouvante.

Quant à Naples, sa fortune dans l'histoire c'est d'avoir été à la fois l'empire du Caravage, qui y fonde l'École à la fin de sa vie (1606), et possession espagnole jusqu'en 1713. De ce contact inattendu entre le génie du visionnaire italien et le sombre génie de l'Espagne l'École napolitaine est née. Elle est enrichie encore par les apports de cette Flandre qui est, elle aussi, un fleuron de la couronne d'Espagne, de Rubens, dont on retrouve les vifs reflets chez Aniello Falcone, Cavallino et Salvator Rosa. Puis elle est fille de la cité grouillante où un pêcheur comme Masaniello soulève l'émeute (1647). La peinture y a la forte odeur de la race dans les relents de la rue.

Tous ces peintres, qui voient le monde en clair-obscur, dès l'adolescence ont la palette en main, sabotent les études préparatoires, et brossent directement sur la toile, avec une fougue de touche qui fait dire à Mariette qu'ils manient le pinceau « comme on joue du tambour ». Tous ils composent à l'effet, comme le maître. Mais la vision est différente sur le tableau et sur le mur. Sur la toile, l'exemple du Caravage fait pulluler dans des intérieurs de cave un pittoresque anecdotique : joueurs de brelan, musiciens, jeunes garçons « faisant la figue». La peinture de foules aussi devait naître ici comme par génération bacillaire. L'estampe innombrable de Callot l'a d'ailleurs favorisée. Micco Spadaro (1612-1679), qui en a certainement vu, remue des multitudes larvaires dans l'émeute et la peste (pl. XLIX). Qui dit émeute dit bataille. A Naples, ce genre est endémique. Après Aniello Falcone c'est Salvatore Rosa (1605-1673), son élève, qui les déchaîne avec le plus de violence. *Batailles*, non, mais coups de main, dont le plus vif intérêt est le paysage des Abruzzes, coupé de rocs et de ravins sauvages où est né le peintre (pl. L). Ce magnifique luministe, qui a savouré les Flamands aussi bien que le Caravage et Ribera, y projette les clartés sombres et chaudes du soir, dans un fantastique d'apparition. *La Pythonisse d'Endor évoquant l'Ombre de Samuel devant Saül*, dans un antre à la Téniers (pl. LI), est une diablerie qu'on dirait conçue à la flamande par un romantique de 1840.

Dans le tableau religieux le groupe de Cavallino (1622-1658), Massimo Stanzioni (1585-1656) et Mattia Preti, dit le Calabrese (1613-1699), auteur du *Christ en croix* de la collection Proto d'Albaneta, à Naples (pl. LII), devrait arrêter l'historien de l'art par la vertu du talent, ardent et grave dans la douleur. Mais il est dominé par la puissante figure de Ribera (1588-1656). Celui-ci est un Espagnol qui a été étudié à propos de la peinture espagnole. Mais il vient tout jeune s'installer à Naples, et il est l'élève direct du Caravage. Toute une partie de l'École napolitaine ne s'explique pas sans lui, qui demeure toute sa vie là où le maître n'avait passé que ses dernières années. Précisément, son originalité puissante, c'est d'allier en lui les deux génies. Ils s'allient en une sorte de réalisme sauvage qui fouaille la vieillesse ascétique, surtout celle de saint Jérôme, et savoure le martyre. L'Espagne et le Caravage se tendent ici la main dans la passion de la souffrance. « Sujets atroces, où le dessin tourmente la forme dans des noirs féroces. » Si les ombres dures s'épaississent côte à côte avec les blancs crémeux comme si un rayon brusque de vasistas tombait dans les ténèbres d'un cachot, c'est que l'emprise caravagesque poussait ce Valencien du côté où l'inclinait déjà son origine.

Comme le Caravage, Ribera n'a fait que des tableaux. Aussi la peinture décorative à Naples, qui est très riche (car cette Naples lu uriante et démonstrative ne conçoit pas les surfaces nues) a-t-elle dû regarder au dehors. Pierre de Cortone et Venise lui prêtent une tradition ; Venise, d'où le Grec Bélisaire Corenzio lui apporte un peu du Tintoret et de Véronèse. Ce n'est donc plus le Caravage qui va faire ici la loi : son réalisme immédiat fait place à la vision sacrée, son tragique se détend dans l'allégresse des bienheureux ; sa ténébrosité, sans se dissiper absolument, s'allège et s'éclaire à ces voûtes saintes qui sont des ouvertures sur le paradis. Promptitude et facilité sont générales : ce n'est pas seulement à Naples une pratique, mais un principe. Il faut aller vite, puisque c'est l'ensemble qui vaut et qu'on ne maîtrise un ensemble qu'en le réalisant vite.

Le plus typique de ces magnifiques praticiens est Luca Giordano (1632-1705). C'est un Napolitain à demi hispanisé, né d'un père espagnol et, en tout cas, élève de Ribera. Sa fécondité prodigieuse couvre des voûtes à Naples, à Florence, à Madrid et à l'Escurial en Espagne, improvisant avec une invention inouïe de détails, répandant autour du catholicisme l'air de fête qui plaît à son temps et à sa ville. C'est dire que ce « Fa presto », qui peint en quarante-huit heures, selon la légende, la voûte de la chapelle du Trésor à la Chartreuse de San Martino à Naples (pl. LIII), a été à Rome l'élève de Pierre de Cortone. Maniement aisé de multitudes, virtuosité de dessin, habileté fresquiste, voilà bien, en effet, l'apport de Florence. Sur ces immenses féeries il jette quelques ombres accusées, et voilà la part de son maître Ribera. Mais la clarté joyeuse de l'ensemble dans la pâleur de quelques gris, voilà la leçon vénitienne, celle de Véronèse. On est surpris de voir l'histoire de l'art, sauf en ces derniers temps, traiter de haut cet art sans âme, il est vrai, sans contact avec la vie, mais qui a la beauté du nécessaire puisqu'il compose avec l'Église et son décor, avec l'esprit de la cité italo-espagnole, avec le goût éclectique de l'Italie moderne, une symphonie heureuse. Il a été désiré par l'Espagne de Charles II, et cela est un signe. C'est lui, grand voyageur, qui a propagé en Europe le « Seicentisme ». Il ne restera plus à son élève Solimene (1657-1743), puis à Conca (1679-1764), qu'à peindre « à la Solimenesca », c'est-à-dire à activer encore ce brio étourdissant. Mais par leur âge, par leur allégresse tourbillonnante, par leur blond coloris qui trouve des fraîcheurs d'aquarelle, ils appartiennent au xviiie siècle. De Lemoine à Boucher, à Fragonard, à Delacroix, Giordano et sa suite ont séduit notre peinture française. C'est dire que, comme Venise, Naples désormais échappe au Caravage et à Ribera pour s'évader vers la clarté.

Dans cette fièvre universelle de création, le rôle de Rome est paradoxal. Elle ne crée rien, mais féconde tout. Elle est la remuante Cosmopolis où les peintres d'Italie et du monde passent ou s'établissent, envoûtés par ses ruines et souvenirs, par sa campagne lumineuse, par sa société fastueuse, par l'art du Caravage lui-même, venu tout jeune de Lombardie comme les Carrache de Bologne, pour y déployer sa *virtù* jusqu'au génie et jusqu'au crime. Il y a alors dans l'air romain une puissance d'exaltation qui les a tous soulevés.

Il y a d'abord à Rome les Italiens, tous pris par le Caravage, comme Manfredi, mort avant le maître (1605), et qui nous rend originalement sa première manière colorée, par exemple dans la *Diseuse de bonne aventure* au Louvre. Puis, les colonies bruyantes de peintres étrangers, courant les ateliers et les tavernes, liant, entre un brelan et une collaboration, des relations fraternelles. Ils sont innombrables, venus surtout des « nations » du Nord. Cette cité suggestive, où les personnalités paraissent d'abord devoir s'absorber dans la majesté des maîtres et l'obsession des souvenirs, est la mère des Écoles nationales. C'est là, à l'ombre du Caravage toujours, que la peinture moderne prend goût aux drames du clair-obscur. Elle découvre le fantastique du rayon qui tombe du soupirail dans les ténèbres, le mystère de la nuit, même la magie de la lampe. Le Hollandais Honthorst, dit Gherardo della Notte (Gérard de la Nuit) (1590-1656), rapporte à Utrecht cette vision de « visionnaire », et voilà la Hollande fécondée. Rome est avec Venise le berceau des nocturnes. Bien que le Caravage eût sacrifié la nature au drame humain, comme Michel-Ange, il y avait dans sa manière de voir de quoi rajeunir le paysage. Un Rhénan de Francfort, Adam Elsheimer (1578-1620), l'a senti, et, dans des petits tableaux touffus, intimes, secrets, déploie sur le paysage latin la poésie de la nuit. Autour de la *Fuite en Égypte* et du *Bon Samaritain* (Louvre), la lune, romantiquement nuageuse, répand solitude et mélancolie. C'est très pénétrant. Et cela est nouveau en Europe. Or, Elsheimer et Honthorst ont en partie formé, avec Lastman, le génie de Rembrandt. La mort du Caravage, en 1609, est le moment où viennent s'installer à Rome les Poelenburg, Savery, Jean Both, Breemberg. Tous appliquent la minutie hollandaise aux étendues de la campagne romaine, et font jouer quelques effets caravagesques sur les ruines et les troupeaux, en réservant la clarté des fonds. C'est à la Galerie Corsini qu'on sent fortement l'unité de ce groupe romano-néerlandais. Velazquez lui-même, qui vient deux fois à Rome (en 1629 et 1649), n'échappe pas tout à fait à l'envoûtement, quitte à imprégner de transparence les valeurs dures des Italiens.

A Rome encore, la vision caravagesque poursuit nos artistes français de la première moitié du siècle : Callot, Valentin (qui vit là-bas) quand il peint la canaille dans l'opacité des cabarets à la lueur furtive d'un vasistas. La leçon de Véronèse vient l'atténuer pour composer les ombres argentées que Simon Vouet fait glisser sur les belles gorges. Le Caravage encore, et Venise aussi, mais cette fois avec Rubens, c'est un peu du talent de Jacques Blanchard, qui ne quitte sa chère Italie que pour mourir (1638). Poussin passe à Rome quarante ans de sa vie (1624-1665). C'est Rome, sa campagne, ses « pasteurs » et ses ruines, Annibal Carrache et Polydore de Caravage, qui suscitent dans son imagination le paysage historique, magistrale construction de l'espace où ce Français de France, Normand et cartésien, compose sur les données latines des poèmes de raison qui ne sont qu'à nous. C'est elle qui, par sa lumière, mais voilée de la douceur septentrionale, affine le luminisme de Claude Lorrain. Ce sentiment moderne de la douceur des soirs, qui tamise de brume la splendeur du couchant sur l'indéfini de la mer, vient de l'âme lorraine sans doute, mais aussi de ses maîtres : le Florentin Tassi et le Colonais Godefroy Walls, qui tous deux furent les élèves d'Elsheimer. Voilà comment, même chez un maître de la clarté dans le poudroiement des fonds, modèle de Turner et précurseur de l'Impressionnisme, se retrouve, par Elsheimer, la leçon lointaine du sombre Caravage.

CHAPITRE IV

LE XVIIIe SIÈCLE :
VENISE ET LE RETOUR A LA CLARTÉ ;
ROME ET LE RETOUR A L'ANTIQUE

Le xviiie siècle est la fin de la peinture italienne classique. Mais au Nord elle meurt dans la lumière, et au Midi dans l'obsession de la grandeur antique. Deux villes, en effet, se chargent de ses dernières destinées : Venise, c'est le retour à la clarté, Rome le retour à la majesté latine.

Venise vient de perdre la Morée en 1715 ; elle n'a plus de puissance politique, plus de colonies, plus de commerce ; elle n'est plus que l'hôtellerie ou le casino de l'Europe. Mais il y a un art de jouir, et sa déchéance l'a merveilleusement servie. Aux flots de visiteurs qui déferlent sur ses quais de toutes les capitales d'Europe, du président de Brosses à Horace Walpole, elle offre dans le cadre le plus à souhait pour le bonheur de vivre la fête et la galanterie, succédané de l'amour. Toute au Carnaval, elle vit sous le masque et le domino noir, qui sont pour un peintre de belles taches, flâne sur la Piazza et la Piazzetta, qui sont des nappes de lumière, afflue au théâtre et se grise de musique. Quand elle est lasse de l'opéra et de ses sigisbées, elle va se mettre au vert dans les radieuses villas construites par Palladio dans la campagne de Vicence, sur les bords tranquilles de la Brenta.

De là les tendances de sa peinture. Dans sa nouvelle vision de l'humanité tout est menu : le dessin allonge les proportions, rapetisse les têtes, allume sur toute la forme l'étincelle de l'esprit. Mais surtout la vie vénitienne, qui redevient tout extérieure, ramène les qualités picturales qui sont la tradition de Venise : coloris et lumière. Durant le xviie siècle Domenico Feti, Bernardo Strozzi, les deux Lys, les avaient quelque peu entretenues sous les ombres caravagesques. Maintenant elles se dégagent : c'est le dernier éclat, le plus vif comme toujours. Plus rien des résonances profondes de la couleur giorgionesque ou titianesque. Le timbre n'est plus celui de leur métal d'or fauve, il est léger et clair, au risque d'être un peu creux. Dans cette clarté joyeuse Venise relève tous les tons, que ses grands maîtres du XVIe avaient baissés et que le caravagisme avait fait descendre dans le sombre. Elle marie plus que jamais bleu et jaune, rouge et vert, jaune et violet, sous la loi supérieure des complémentaires, et pratique avec Tiepolo et Guardi le divisionnisme déjà : elle est impressionniste d'instinct. Le peintre, enfin, sait maintenant que sa touche, toujours amusante, est pour qui regarde, comme pour lui-même, une délectation. Alors, Venise couvre allègrement de peintures décoratives ses églises, ses palais, ses villas. Et ce n'est plus toile peinte à l'huile et marouflée comme au temps de Véronèse et du Tintoret. L'art national de l'Italie, la fresque, déchargée des lourdeurs de tons que Naples y avait laissées, vient finir à Venise dans une apothéose lumineuse. Quant à la peinture de chevalet, Venise, seule en Italie, la réduit au format du tableautin. Car pour la femme, qui est souveraine, l'immense *palazzo* construit aux temps glorieux sur le Grand Canal pour les Cornaro, les Contarini, les Vendramin, se divise maintenant en boudoirs, et pour s'y accorder les grandes toiles s'amenuisent en petits tableaux précieux, prestement enlevés. Petite manière, vive lumière, voilà Venise « settecentesque ».

En pareil milieu, trois genres devaient prospérer : le tableau de mœurs, le portrait et les vues de villes, qui elles-mêmes sont des manières de portraits. Le « genre », tel que le fixe Pietro Longhi (1702-1762) en ses menues toiles, est un réalisme poudré. Qu'il saisisse l'anecdote en plein air sur la piazza où pérore l'arracheur de dents, ou dans la rue où passent les *Masques* (pl. LIV), ou dans un intérieur : confessionnal, parloir de couvent, salon de jeu, boutique d'apothicaire, etc., c'est toujours la chronique spirituelle de Venise, de celle qui va se reconnaître aux comédies de Goldoni, celle de Bernis et de Casanova. Les personnages ont une tête minuscule piquée sur une taille longue. Le plus souvent, d'ailleurs, l'une n'est qu'un masque sous un tricorne, et l'autre qu'une cloche énorme, domino sous mantelet. Ce ne sont que marionnettes ; mais aussi (car Longhi est un vrai peintre), de belles taches jaunes et roses dans la claire harmonie grise du tableau. Et quand ce sont les noirs du domino, ils sont piqués spirituellement, comme points de repère au jeu des valeurs, tandis que les manteaux de la Renaissance le plaquaient en sonorités larges et graves. Malgré tout, il manque à ce monde de poupées la poésie que peut recéler même la vie légère, surtout à Venise. Il y a plus d'évasion chez Lancret.

Le « genre » déborde ces petites œuvres. Il amenuise le portrait. Une femme,
— et il est significatif que ce soit une femme, — Rosalba Carriera (1675-1757),
multiplie alors à centaines d'exemplaires la figure de la Vénitienne. Rien de
plus expressif de l'époque et du milieu, bien qu'elle soit l'élève d'un minia-
turiste français. D'abord par la présentation : la Rosalba, qui réussit la jeune
femme mieux que l'homme, la pose, avec un peu de monotonie, un bouquet
dans les cheveux, un singe dans les bras (pl. LIV), des roses ou des giroflées
dans la main droite. La figure est inexpressive, la grâce un peu banale. Mais,
ici encore, la passion de Venise pour la clarté s'en donne à cœur-joie. Bleus
dont elle abuse et roses tendres, délicats gris cendrés, jouent autour des den-
telles et des gazes transparentes. Du reste, la Rosalba use spontanément de la
technique lumineuse et sèche, le pastel, qui est le langage nécessaire de sa
vision. Elle est la première à l'avoir dégagé de l'art encore indécis des crayon-
neurs du xviie siècle La fine poudre s'écrase en tonalités blondes, dans une
lumière pâlote et falote qui laisse voir l'insuffisance du modelé, l'inconsistant
dans le vaporeux. L'aspect général est crayeux et froid. Mais c'est l'adieu
définitif du génie vénitien aux *tenebrosi*. Elle en apporte les reflets à Paris
en 1720, à Watteau qui pose devant elle, à Rigaud qui collectionne ses pastels.
Si elle n'avait pas grand'chose à nous apprendre, elle a du moins encouragé
notre élan vers les valeurs claires et notre aspiration à la technique prompte
du crayon de couleur, qui permettra à La Tour, à Perronneau, de capter vite
l'expression qui fuit.

Portrait encore, l'œuvre de Canaletto, de Bellotto et de Guardi ; mais portrait cette fois de la cité la plus caractérisée qui soit. Portrait, non paysage,
comme l'habitude veut qu'on dise. Le paysage, c'était surtout la beauté universelle que Giorgione et Titien captaient sur la terre ferme autour de Castelfranco ou de Cadore ; maintenant, la peinture vénitienne se replie sur Venise,
et elle en multiplie amoureusement les aspects précis. C'est reprendre la
tradition de Carpaccio et de Gentile Bellini, abandonnée par les xvie et
xviie siècles. Voilà donc le narcissisme de la dernière heure. On a dit que
Venise ne met pas de sentiment profond dans sa peinture du xviiie siècle.
C'en est un pourtant que cette passion dionysiaque de soi-même ; elle enve-
loppait alors la vie de tous.

Voici donc la série des *vedute*, genre très spécial qui va rayonner même sur la fin du xviiie siècle français, dans les innombrables petites vues de Rome de Pâris, de Lespinasse, de Maréchal, de Nicolle, des Raguenet. Pour les *vedutisti* le motif est double : d'une part, ce sont les architectures, palais, quais, ponts de marbre en dos d'âne, occasion de cet art très italien qui est toujours plus ou moins un décor de théâtre, une scénographie : la *prospettiva*. L'Italie est en art, de toute antiquité, la patrie de cet illusionnisme. Après la fantaisie alexandrine des décorations de Pompéi, la géométrie savante des Quattro-centistes en avait précisé les prestiges. Puis Rome lui prêta ses monuments antiques et modernes. Et voici que Venise, ramassant toute cette science accumulée, en orne dès 1499 les bois fameux du *Songe de Poliphile*, la dresse avec Véronèse en fiers portiques de marbre, enfin joue, au xviiie siècle, avec les fuites et les profondeurs. Elle-même, elle est essentiellement un magnifique thème de *prospettiva*, un canal fuyant entre deux files de *palazzi*. Certains des peintres réunis à l'Académie de Venise, Moretti, Battaglioli, Visentini, vont chercher la perspective à l'intérieur des monuments, dans les agencements fantaisistes des lignes et des formes. Mais il y a mieux que cette virtuosité linéaire : il y a la perspective aérienne, celle des vrais peintres. En fin de compte la géométrie vénitienne se résout en recherche de plans de clarté. Ces vues de Venise, ce n'est donc jamais Venise découpée dans l'absolu de ses formes architecturales ; c'est Venise dans la lumière, ou la lumière à propos de Venise : façades roses ou grises imprégnées d'air et qui se « dégradent » peu à peu entre le miroitement de la lagune et le ciel. De là la part énorme faite à la Piazza, à la Piazzetta, au Palais ducal, au quai des Esclavons, qui sont de larges taches colorées, aux canaux, qui sont des traînées lumineuses. Petits bonshommes sur les places, gondoles sur les canaux, sont eux-mêmes moins des éléments de la réalité vénitienne que des tons doués de valeurs. Voilà la poésie de cette peinture irisée, nacrée. De telles œuvres « paraissent, comme des coquillages, l'œuvre de la mer » (Corrado Ricci).

Mais divers sont les maîtres. Luca Carlevaris restitue le premier ce genre des *vedute*. Son vrai mérite, c'est d'avoir formé Antonio Canale, le Canaletto (1697-1768). Car l'élève dépasse le maître par la délicatesse des gris nacrés, par sa lumière transparente dans la légèreté des ombres. S'il fait toujours beau dans sa Venise, c'est qu'il veut garder des valeurs claires. Il a été en Angleterre en 1746 et 1754, et le pays des brumes grises a favorisé son don des nuances. De toutes façons on n'imagine pas ces œuvres aux tons de perle loin des rivages : l'eau marine les a portées et teintées. C'est elle, du reste, qui est toujours là : *Grand Canal devant la Salute* (Louvre ; pl. LV) ou lagune devant le palais des Doges dans la *Réception du comte Gergi* (Ermitage ; pl. LVI).

Malgré tout, leur motif essentiel c'est l'architecture et la perspective qui la fait fuir sous la lumière fine, correctement, un peu sèchement. Canaletto est plus qu'un exact : c'est un géomètre, qui tire au trait ses palais, met en épure leur enfilade et, devant celui des Doges, ne cesse de voir la précision sous l'enveloppe.

On sent mieux le danger de cette rigueur devant l'œuvre de son neveu Bernardo Bellotto (1720-1780), plus architecte encore, sauf quand il étend un paysage d'air et d'espace autour de la *Gazzada*, au pied des Alpes neigeuses. Mais sa Venise, comme sa Dresde où il est allé, se dessèche sous un dessin un peu coupant, dans des tons froids que ne réchauffe pas toujours le ciel gris et nuageux.

Le poète, c'est Francesco Guardi (1718-1793), élève d'Antonio Canale, mais très supérieur, et déjà tout près de nous. Personnel jusqu'au lyrisme, interprétant les choses au lieu de les « rendre », substituant spontanément à la vérité perçue la vérité sentie, qui est la vraie. Il va sans dire que, bien que Guardi soit, comme tous, allé à Rome, les édifices n'ont ici que leur « valeur » dans la symphonie, et que leur précision se détend dans la mouvance universelle. Il arrive même que dans la *Lagune* du Musée Poldi-Pezzoli à Milan (pl. LVII), Venise n'est plus qu'une fine ligne horizontale blanche, en suspens entre deux infinis de même ton : le ciel et l'eau. On ne voit plus la géométrie sous-jacente chez ce vrai peintre, bien plus peintre que Canaletto, et qui risque l'incorrection pour rester peintre. L'unique sujet maintenant est la lumière ou la couleur dans la lumière, rose et blonde, sentie avec un sens exquis des valeurs, et portée sur un point au lieu d'être égale. Elle fait sur les choses « comme l'accent tonique sur les voyelles, elle souligne les dominantes » (C. Ricci). Et dans cette Venise vivante vont et viennent de petits personnages en tricorne et mantelet, d'esprit endiablé, campés d'une seule touche, juste, preste; de très grande allure pourtant dans leur domino en rotonde. Hubert Robert se souviendra de ces petites notes vibrantes. Jusque dans les intérieurs (*Salle du Collège au Palais des Doges*, Louvre ; pl. LVIII), elles gardent leur vibration. La facture libre et large, en brio à la moderne, se joue dans une matière aussi onctueuse que le plancton marin.

Malgré tout, Venise ne s'oublie pas dans la contemplation d'elle-même. C'est peut-être même quand elle imagine au lieu de regarder, dans la peinture d'histoire et la pompe décorative, qu'elle atteint la plus haute dionysie, la libre joie dans la clarté. C'est là qu'avec Sebastiano Ricci (1660-1734), dès le début du siècle, puis avec G. B. Pittoni (1687-1767), par exemple dans le *Sacrifice de Polyxène* (Louvre ; pl. LIX), elle commence à mettre en fuite l'obscurité des *tenebrosi*. Ricci, surtout Pittoni et Piazzetta (1682-1754), sont vifs, déjà brillants et gais. L'expression grave et dramatique de l'ombre disparaît peu à peu dans l'allégresse des tons légers, pour dire des choses qui sont toujours légères. L'*Indovina* de Piazzetta (Académie de Venise) est limpide et fraîche, abondamment nourrie de blanc et largement touchée. Si parfois quelques gris argentés venus du Caravage, ou plutôt du Guerchin, se jouent encore sur les chairs, la chanson des roses, des bleus et des jaunes domine. Ce n'est pas l'ardent Titien qui les hante ni le fauve Tintoret, mais Véronèse, par sa clarté d'argent et la splendeur de ses portiques de marbre. Et sur leurs formes longues aux têtes petites on sent l'obsession du Parmesan, amenuisé jusqu'à la grâce mutine.

Leur gloire, c'est d'avoir préparé Giovan Battista Tiepolo (1696-1770). Élève du livide Gregorio Lazzaroni, mais beau-frère de Guardi, disciple de Ricci et de Piazzetta, ce bel artiste n'est pas un miracle, mais un épanouissement. D'autant plus que les racines de son art vont puiser, par l'intermédiaire de Fumiani (XVIIe siècle) jusque chez les grands décorateurs du XVIe : son vrai maître, c'est Véronèse. Peintre de tableaux, il a su garder, jusque dans la grâce mutine du dessin et la clarté joyeuse du coloris, de tendres accents religieux, tels que dans la *Vierge avec des saintes* (Église S. Maria del Rosario, Venise ; pl. LX). Mais ce hardi manieur de brosse est avant tout un grand fresquiste. En lui et à Venise jette son suprême éclat l'art national qui avait commencé avec le Toscan Giotto. Il a le génie de la décoration dans la lumière, met des jours à la place des murs, et achève la défaite des « ténébreux », sans renoncer le moins du monde aux valeurs d'ombre, qui restent légères. Aux voûtes des églises s'accrochent des visions joyeuses, où la Vierge s'envole au milieu d'anges, tout comme Vénus au milieu des Amours (pl. LXI). Plafonnement, raccourci déformant, aboutissent à des miracles de *sotto in su*. Mais plus intéressantes encore sont les fresques des palais et celles des villas patriciennes semées dans la verdure le long de la Brenta et sur la route de Trévise. *Quadrige du Soleil, Festin* ou *Embarquement de Cléopâtre* comme au palais Labia de Venise (pl. LXII), cérémonies historiques à la gloire des Contarini comme à la villa de Mira, c'est toujours musique, amour et douceur de vivre, sous des parasols verts à reflets lilas dont les demi-teintes jouent amoureusement sur la gorge nue des jeunes femmes penchées au balcon parmi des nègres, des nains, des perroquets et de grands lévriers. Escaliers nobles qui sont des marches de clarté, tribunes de musiciens où la lumière tourne le balustre, fières architectures dressées, c'est le reflet de Véronèse, encore, toujours. Véronèse plane comme un dieu solaire sur ce déclin de Venise. Mais le disciple est plus clair que l'ancêtre et plus virtuose dans la perspective, qu'il pousse jusqu'à la magie. Le parti pris de faire voir les choses de bas en haut, exhaussées sur des degrés de marbre, réinstaure la scénographie, l'optique du théâtre, qui est traditionnelle à Venise. Or tout cela consiste à ordonner magistralement l'espace en aérant la composition. Le sens de la respiration large, de l'étendue, allège la décoration compacte du XVIIe siècle, celle des Romains de l'école de Pierre de Cortone, qu'il a regardés, mais non suivis.

Dans cette atmosphère légère tourbillonne un monde plus affiné encore que chez Pittoni et Piazzetta. La femme y règne, quelquefois méditative et tendre, plus souvent incarnant la grâce du XVIIIe siècle avec des souvenirs du Parmesan, absolument dépourvue d'expression physionomique, mais souriant parfois à la gaieté universelle de Venise : type que Tiepolo invente selon son rêve, et peint « de chic » avec les données de sa mémoire. Rêve de poète, réalisé vite, avec une verve si fougueuse qu'on pense à notre parisien Chéret. Mais elle a été préparée par une longue patience. En tout cas, c'est le dernier bouquet de la couleur vénitienne, un peu creuse peut-être après les sonorités pleines, graves, de Titien et du Tintoret. L'effet général est soyeux. Ce peintre, qui orchestre ainsi finement la lumière sur des tons de soie, est déjà un « plein-airiste ». Et sa touche, aussi impétueuse que spirituelle, comme chez son beau-frère Guardi, étale les couleurs dans une pâte grasse, largement, en appels de lumière.

Venise déchue, mais qui reste encore la charmante *Regina del mare*, a donc ses poètes. Celui-ci l'étourdit un moment de son lyrisme, et porte dans la Vénétie, en Bavière à Würzburg, en Espagne au Palais royal de Madrid, les reflets de ce couchant. Quand il a disparu en 1770, Longhi en 1785, Guardi en 1793, et que Bonaparte a pris Venise en 1797, l'art vénitien meurt avec la République. Alors, selon le mot de M. Corrado Ricci, « les algues marines recouvrirent peu à peu les escaliers de marbre ».

Pendant que Venise inonde de clarté le déclin de la peinture italienne, Rome l'encadre de grandeur monumentale et classique. Pourtant les peintres qui assument ce rôle ne sont pas romains. Italiens ou étrangers, ils apportent, avec leur talent personnel, les traditions de leur pays. Mais à tous elle impose le « style ». Au-dessus de la « petite manière » du xviiie siècle, qu'elle va chasser, elle dresse son prestige ancien et, comme au xviie siècle, retrouve sa puissante vertu de suggestion.

Le Lucquois Pompeo Batoni (1708-1787), il est vrai, apporte à Rome le « petit goût » français de Boucher, de Coypel, de Van Loo, mais Rome le relève d'un peu de noblesse antique, pendant que l'influence de Maratta le ouate de douceur corrègienne. Malgré tout, il faisait horreur à Raphaël Mengs. Mais il y a un genre où la petite manière, du moins en ce qui concerne les personnages, peut s'associer avec la majesté romaine : c'est la peinture d'architecture, que nous venons de voir fleurir à Venise. Et précisément ces Vénitiens, à commencer par le dessinateur des bois du *Songe de Poliphile* en 1499, puis Véronèse, enfin Canaletto et Guardi, n'auraient pas poursuivi ces belles fuites de monuments dans la profondeur aérienne s'ils n'avaient vu la Rome monumentale ou reçu d'elle l'influence secrète. La *prospettiva* du xviiie siècle, à Rome, est, en somme, la collaboration de trois génies : de Bologne toujours savante, de Venise toujours en voyage vers des fonds de clarté, et de Rome qui fournit les matériaux prestigieux. Ici et là la collaboration à la grande œuvre scénographique se fait sous les auspices du théâtre, qui affole l'Italie entière. Il y a cependant une note qui est proprement romaine et va se propager en Europe : la peinture de ruines Car la ruine a pour ces artistes des qualités précieuses : l'effet romantique de vétusté, les accents soudains des cassures où l'ombre se tapit, le pittoresque de la végétation pariétaire ; et surtout, en abattant les premiers plans qui font écran, elle met à nu des profondeurs inattendues et secrètes. C'est la scénographie la plus prenante. Rome l'a triomphalement consacrée.

Toute une dynastie d'artistes en effet, partie de Bologne au XVIIe siècle, les Bibbiena, exploitent avec grand talent cette magie. Les meilleurs, Ferdinando (1657-1743) et son fils Giuseppe (1696-1756), architectes et décorateurs, couvrent de perspectives illusoires, en tableaux, en peintures murales, en toiles sur châssis, palais, casinos et scènes de théâtre d'Italie et d'Europe. Ils sont, avec Vittorio Bigari de Bologne, la Scénographie incarnée : chez eux elle se hausse à la vraie poésie par l'enivrement de soi-même. Il y a d'eux de fort beaux dessins aquarellés au Louvre au Musée Brera, à Bologne, à Vienne, à Dresde, à Munich. Peu de ruines, mais des « fabriques » de songe, éperdues et précises, labyrinthes prestigieux jalonnés de portiques à l'infini, où les formes s'évanouissent dans un poudroiement doré : un pur lyrisme. Fernando Bibbiena eut pour élève Pannini (1691-1764). Celui-ci est plus peintre, et son thème propre est la ruine, qui est, en effet, plus « pittoresque » (pl. LXIII). La perspective aérienne dégrade délicatement les fonds, et dans le clair-obscur des portiques errent de petits personnages de fantaisie amusante. Le tout est un peu formule.

Mais peintres et dessinateurs ont trouvé leur maître dans le maître de l'eauforte : Giambattista Piranesi (1720-1778). Graveur sans doute, mais magnifique peintre en gravure, qui obtient avec des valeurs de blanc et de noir des effets puissants de coloris. Par là et par son emprise sur les peintres à venir il nous appartient deux fois. Né à Venise, tout pénétré de l'esprit décoratif et monumental de Véronèse (encore), c'est Rome qui lui découvre ses dons. Il est le prodigieux perspectiviste-poète des *Antichità romane* (Rome, 1748-1756), c'est-à-dire de la ruine romaine, rompue, coiffée de végétation, hantée de visiteurs furtifs qui lèvent la tête vers le géant ou se penchent pour fouiller ses assises. L'arrière-pensée de toute l'œuvre est le contraire de celle de Winckelmann : substituer Rome antique à la Grèce dans l'admiration du monde comme créatrice et propagatrice de beauté. Il la ressuscite en archéologue, mais la magnifie en visionnaire. La ruine encombre toute la planche, et s'avance formidable comme une proue de transatlantique, éclairée en oppositions fantastiques (pl. LXIV). Après tout, le visionnaire voit juste. La Rome impériale, hérissée de colosses par la mégalomanie des Césars parfois déments, est elle-même une « vision ». Le lyrisme romantique de Piranesi est donc de l'objectivité. Et cette fougue d'imagination, toujours soutenue par la triple science de l'antiquaire, de l'architecte et du perspectiviste, est merveilleusement servie par la virtuosité de la pointe, chargeant ses tailles dans les ténèbres, ou glissant dans les clartés légères. Dans les *Carceri* (1745) elle s'affranchit de toute contrainte : ce sont cauchemars dans des fulgurances de nuit. Piranesi a fasciné nos peintres ruinistes : Hubert Robert collectionnait ses estampes. Mais notre xviiie siècle a filtré cette dionysie, en attendant que l'Empire la glaçât.

Rome, en effet, plus encore qu'au xviiie siècle, attire les étrangers et les marque pour la vie. Les Bibbiena, Pannini, Piranesi, sont italiens, mais une multitude d'autres accourent de toutes les parties de l'Europe respirer ici l'air qui vivifie. Air des villas patriciennes, où les escaliers de marbre s'enfoncent dans les lourdes frondaisons sous la garde des cyprès. Ce genre des « villas », c'est un avatar original du paysage composé de Poussin, avec, en plus, des mouvances lumineuses. Nature humaniste en tout cas, où le génie français respire l'essence latine. Fragonard, Hubert Robert, l'abbé de Saint-Non, Nicolle, Pâris, Chastelet, y ont fixé en peinture, en chaudes sanguines, en sépias, en gravures, leur rêve de bonheur. Rome des ruines aussi, où la vie populaire et familière, grouillant dans la majesté des débris, pique sa tache éclatante dans leur ombre. « Robert des Ruines » reprendra durant toute sa vie ce thème d'humour et de luminisme poétique.

Enfin, la Rome de Benoît XIV à Pie VI a une autre vertu. Centre de convergence des révélations que prodiguent au monde émerveillé les fouilles d'Herculanum (1738) et de Pompéi (1755), elle a les beaux antiques qu'elle installe au Vatican ou chez les cardinaux, les savants ouvrages illustrés qui les publient, elle est le foyer du « néo-hellénisme » qui rayonne sur l'Europe. Les eaux-fortes de Piranesi mult pliaient déjà cette antiquité, qui est maintenant la jeunesse. Mais ce n'était qu'un poète. Voici qu'une curieuse collaboration s'organise entre Rome et l'esprit allemand. Ce n'est certes pas pour capter la vie. Raphaël Mengs, installé à Rome en 1747, est bien, dans ses beaux portraits, un coloriste sensuel, avide de pourpre, mais ce n'est pas en cela qu'il est allemand. Devant la mythologie, qui est de la « peinture d'histoire », cet ennemi de la petite manière et de Batoni, dévot à l'antique et à Raphaël, se met d'instinct à composer en bas-relief, dessine selon la « correction » et la « pureté », échantillonne des couleurs sans résonances : voilà tout le prix du fameux *Parnasse* de la Villa Albani. Même froideur chez la Suissesse Angelika Kaufmann, installée à Rome en 1782, chez l'Écossais Gavin Hamilton, qui exhume la Villa d'Hadrien à Tivoli et, dans son *Histoire de Pâris* au plafond de la Villa Borghèse, essaie de figer en noblesse classique le charme féminin du xviiie siècle qui reste en lui. Bref, c'est l'Académisme.

Il puise son funeste prestige dans l'esthétique d'un autre Allemand installé à Rome dès 1756 et familier du cardinal Albani : Winckelmann (1717-1768). Sa science, courte de vue, mais immense, sérieuse, inaugure dans son *Histoire de l'art antique* (1764) l'archéologie classique moderne. Malheureusement, son goût ne vaut pas sa science : c'est un néo-platonisme glacial, qui veut accrocher l'Art à l'idée éternelle du Beau et ramène la vie à l'antique gréco-romain, qu'il croit grec. Par bonheur, la doctrine en a souffert plus que l'art lui-même, l'art concret, qui échappe par grâce d'état à cet air raréfié. Dans le *Serment des Horaces*, que David a voulu peindre dans son atmosphère naturelle, à Rome en 1784, ni l'archéologie « étrusque », ni la plastique gréco-romaine, ni l'héroïsme républicain, n'étouffent le sens robuste de la vie. Ce réaliste de race reste plus près du modèle vivant que de la statue.

En vérité, Rome n'étant que l'animatrice des peintres étrangers, c'est à Venise que la peinture proprement italienne finit, à la mort de Tiepolo en 1770, et à celle de Guardi en 1793. De la fin du xiiie siècle à la fin du xviiie, elle avait vécu cinq cents ans de vie intense, féconde, dans une évolution très « organique » dont la courbe reste dans les yeux. En attendant le beau réveil de la fin du xixe siècle, c'est la France qui devient l'initiatrice.

BIBLIOGRAPHIE SOMMAIRE

OUVRAGES GÉNÉRAUX

Louis Gillet, *La Peinture : XVIIe et XVIIIe siècles* (« Manuels d'histoire de l'art »). Paris, 1913.

Histoire de l'art, publiée sous la direction d'André Michel : chapitres d'André Pératé dans les t. V, VI et VII.

Emile Mâle, *La clef des allégories peintes et sculptées au XVIIe et au XVIIIe siècle* (*Revue des Deux Mondes*, 1er mai 1927).

(Voir en outre, la bibliographie donnée dans notre volume précédent).

OUVRAGES SPÉCIAUX

Les Vénitiens au XVIe siècle.

Herbert Cook, *Giorgione* (coll. « Great Masters »). Londres, 1907.

L. Justi, *Giorgione*. Berlin, 1908.

Max von Boehn, *Giorgione und Palma Vecchio* (coll. « Künstler-Monographien »). Bielefeld et Leipzig, 1908.

Lionello Venturi, *Giorgione e il giorgionismo*. Milan, 1913.

Gustave Dreyfous, *Giorgione* (coll. « Art et Esthétique »). Paris, 1914.

A. Ferriguto, *Il significato della « Tempesta » di Giorgione*. Padoue, 1923.

Crowe et Cavalcaselle, *Tizians Leben und Werke*. Leipzig, 1877, 2 vol.

G. Lafenestre, *La vie et l'œuvre de Titien*. 2e éd., Paris, 1909.

H. Knackfuss, *Tizian* (coll. « Künstler-Monographien »). Bielefeld et Leipzig, 1897 ; — *Tizian* (coll. « Klassiker der Kunst »). Stuttgart, 1910. Édition française, Paris, 1921.

Cl. Phillips, *The earlier works of Titian*. Londres, 1877 ; — *The later works of Titian*. Londres, 1898.

Georges-B. Rose, *Renaissance masters : Titian* New-York, 1898.

G. Gronau, *Tizian* (coll. « Geisteshelden »). Berlin, 1900.

Frank Preston Stearns, *Four great Venitians. On account of ... Titian*. New-York, 1901.

Maurice Hamel, *Titien* (coll. « Les Grands artistes »). Paris, s. d. (1902).

G. Clausse, *Les Farnèse peints par Titien*. Paris, 1905.

L. Hourticq, *La « Fontaine d'Amour » de Titien* (*Gazette des Beaux-Arts*, juillet-septembre 1917) ; — *La Jeunesse de Titien*. Paris, 1919.

V. Basch, *Titien*. Paris, 1919.

Camille Mauclair, *Titien* (coll. « Maîtres anciens et modernes »). Paris, 1925.

H. Caro-Delvaille, *Titien* (coll. « Art et Esthétique »). Paris, 1913.

B. Berenson, *Lorenzo Lotto*. New-York et Londres, 1895.

G. Bernardini, *Sebastiano del Piombo* (coll. « Monographie illustrate »). Bergame, 1908.
P. d'Achiardi, *Sebastiano del Piombo*. Rome, 1908.
Bailo et Biscaro, *Della vita e delle opere di Paris Bordone*. Trévise, 1900.
J.-B. Stoughton Holborn, *Jacopo Robusti called Tintoretto* (coll. « Great Masters »). Londres, 1903.
Evelyn March Phillips, *Tintoretto*. Londres, 1911.
Gustave Soulier, *Le Tintoret* (coll. « Les Grands artistes »). Paris, s. d. (1911).
François Fosca, *Tintoret* (coll. « Les Maîtres du Moyen Age et de la Renaissance »). Paris, 1929.
H. Meissner, *Paul Veronese* (coll. « Künstler-Monographien »). Bielefeld et Leipzig, 1897.
Bell, *Paolo Veronese*. Londres, 1905.
Giuseppe Fiocco, *Paolo Veronese*. Bologne, 1928.
Adolfo Venturi, *Paolo Veronese* (*per il quarto Centenario della nascita*). Milan, 1928.
G.-K. Loukomski, *Les fresques de Paul Véronèse et de ses disciples*. Paris, 1928.

La Fin de la peinture florentine.

Hermann Voss, *Die Malerei der Spätrenaissance in Rom und Florenz*. Berlin, 1910.
Ernst Steinmann, *Die Sixtinische Kapelle*. Munich, 1901 et 1904, 2 vol.
Henry Thode, *Michelangelo : kritische Untersuchungen*. Berlin, 1903 ; — *Michelangelo und das Ende der Renaissance*. Berlin, 1902-1912, 3 vol.
Michelangelo (introd. de Fr. Knapp) (coll. « Klassiker der Kunst »). Stuttgart, 1907. Édit. française, Paris, 1909.
Lord Ronald Sutherland Gover, *Michael Angelo* (coll. « Great Masters »). Londres, 1903.
Karl Frey, *Michelangelo Buonarroti : sein Leben und seine Werke*. Berlin, 1907.
Carl Justi, *Michelangelo. Neue Beiträge zur Erklärung seiner Werke*. Berlin, 1909.
W.-R. Valentiner, *The late years of Michel Angelo*. New-York, 1914.
F. Clapp, *Jacopo Carucci da Pontormo*. New Haven, Yale University Press, 1916.
H. Schulze, *Die Werke Angelo Bronzinos*. Strasbourg, 1911.
Teodor de Wyzewa, *A propos du quatrième centenaire de Giorgio Vasari* (*Revue des Deux Mondes*, 15 août 1911).
J. Rusconi, *Le Studio de François Ier de Médicis au Palazzo Vecchio* (*Les Arts*, février 1911).

La Peinture italienne au XVIIe siècle.

Ch. Dejob, *L'influence du Concile de Trente sur la littérature et les beaux-arts chez les peuples catholiques*. Paris, 1884.
J.-A. Symonds, *Renaissance in Italy. The Catholic Reaction*. Londres, 1898-1900.
J. Strzygowski, *Das Werden des Barocks bei Raffael und Correggio*. Strasbourg, 1898.
Lionello Venturi, *Il 1600 e la pittura italiana* (*Nuova Antologia*, 16 décembre 1909).
Marcel Reymond, *De Michel-Ange à Tiepolo*. Paris, 1912.
W. Weisbach, *Die Kunst des Barocks*. Berlin, 1924.
Ugo Ojetti, Luigi Dami et N. Tarchiani, *La mostra della pittura italiana dei Sei e Settecento in Palazzo Pitti*. Milan et Rome, 1922.
Ugo Ojetti, *La Peinture italienne des XVIIe et XVIIIe siècles à l'Exposition de Florence* (*Gazette des Beaux-Arts*, septembre-octobre 1922).

Lionello VENTURI, *L'Exposition de la peinture italienne des XVIIe et XVIIIe siècles au Palais Pitti à Florence* (*La Renaissance*, 1922).

Gabriel ROUCHÈS, *La Peinture au Musée du Louvre. Écoles italiennes, XVIe, XVIIe, XVIIIe siècles* (éd. par l'*Illustration*). Paris, s. d. (1924).

C.-C. MALVASIA, *Felsina pittrice*. Bologne, 1678, 2 vol.

Charles BLANC, *Histoire des peintres de toutes les écoles : École bolonaise*. Paris, 1874

A. SCHMARSOW, *Federigo Barocci*. Leipzig, 1909.

F. di PIETRO, *Studi e notizie su Federico Barocci*. Florence, 1913.

Pierre de BOUCHAUD, *Bologne* (coll. « Les Villes d'art célèbres »). Paris, s. d. (1909).

Hans TIETZE, *Annibale Carracci's Galerie im Palazzo Farnese und seine römische Werkstätte*. Vienne, 1906.

Max von BOEHN, *Die Carracci* (coll. « Künstler-Monographien »). Bielefeld et Leipzig, 1909.

Henry LEMONNIER, *A propos des Carrache* (*Bulletin de la Société de l'Histoire de l'art français*, 1911).

Gabriel ROUCHÈS, *La Peinture bolonaise à la fin du XVIe siècle : les Carrache*. Paris, 1913 ; — *Le Paysage chez les peintres de l'École bolonaise* (*Gazette des Beaux Arts*, janvier et février 1921).

Ferdinand de NAVENNE, *Rome et le Palais Farnèse pendant les trois derniers siècles*. Paris, 1923.

Roger PEYRE, *Les Carraches* (coll. « Les Grands artistes »). Paris, 1925.

Luigi SERRA, *Domenico Zampieri, detto Il Domenichino*. Rome, 1909.

Max von BOEHN, *Guido Reni* (coll. « Künstler-Monographien »). Bielefeld et Leipzig, 1912.

F. MALAGUZZI-VALERI, *Guido Reni* (« Piccola collezione d'arte »). Florence, 1921.

B. AMORINI, *Vita del celebre pittore Fr. Albani*. Bologne, 1837.

M. MARANGONI, *Il Guercino* (« Piccola collezione d'arte »). Florence, 1920.

FRASCHETTI, *Il Bernini. La sua vita, la sua opera, il suo tempo*. Milan, 1900.

N. FABBRINI, *Vita del cavaliere Pietro Berrettini da Cortona*. Cortona, 1896.

Ant. MUÑOZ, *Pietro da Cortona* (« Biblioteca d'arte illustrata »). Rome, 1921.

L. HAUTECŒUR, *Le Louvre et les Tuileries de Louis XIV*. Paris et Bruxelles, 1927 [au sujet de Romanelli].

C. LORENZETTI, *Carlo Maratta* (*L'Arte*, 1914).

C.-D. HAY, *Carlo Dolci*. London, 1908.

C. GAMBA, *Lomi* (*Gentileschi*) (*Dedalo*, 1922).

Lionello VENTURI, articles sur le Caravage dans l'*Arte*, 1910, et dans le *Bollettino d'Arte* 1912 ; — *Il Caravaggio* (« Biblioteca d'arte illustrata »). Rome 1921.

Gabriel ROUCHÈS, *Le Caravage* (coll. « Art et Esthétique »). Paris, 1920.

MARANGONI, *Il Caravaggio*. Florence, 1922.

Leopold ZAHN, *Caravaggio*. Berlin, 1929.

BAGLIONE, *Manfredi* (dans *Vite de' pittori*. Naples, 1733).

Jean de FOVILLE, *Gênes* (coll. « Les Villes d'art célèbres »). Paris, s. d. (1907).

M. LABÒ, *L' « Histoire de l'art » d'André Michel et l'art génois du XVIIe siècle* (*Revue des études italiennes*, 1923).

Giuseppe FIOCCO, *Bernardo Strozzi* (« Biblioteca d'arte illustrata »). Rome, 1921.

G. NICODEMI, *Daniele Crespi* (dans *I pittori lombardi*, « Biblioteca d'arte illustrata »). Rome, 1922.

R. Oldenbourg, *Domenico Feti* (« Biblioteca d'arte illustrata »), Rome, 1921.

R. Oldenbourg, *Jan Lys* (« Biblioteca d'arte illustrata »). Rome, 1921.

Bertolotti, *Artisti belgi ed olandesi a Roma.* Florence, 1880, et Rome, 1885.

H. Voss, *Pierfrancesco Mola* (*Rivista archeologica di Como*, 1911).

Émile Bernard, *Alessandro Magnasco* (*Gazette des Beaux-Arts*, mai 1920).

Armando Ferri, *Magnasco* (« Biblioteca d'arte illustrata »). Rome, 1922.

Benno Geiger, *Alessandro Magnasco* [précédé d'une vie de l'artiste par Ratti, de 1769]. Vienne, 1923.

Arsène Alexandre, *Alessandro Magnasco* (*La Renaissance de l'art français*, septembre 1926).

Louis Dimier, *Un mot sur l'école napolitaine* (*Les Arts*, 1909).

Wilhelm Rolfs, *Geschichte der Malerei Neapels.* Leipzig, 1910.

L. Hautecœur, *Les Arts à Naples à la fin du XVIIIe siècle* (*Gazette des Beaux-Arts*, mai et août 1911).

Aldo de Rinaldis, *Note su la pittura napoletana del Seicento* (*Ausonia*, 1913) ; — *Bernardo Cavallino* (« Biblioteca d'arte illustrata »). Rome, 1921.

Lady Morgan, *Mémoires sur la vie et le siècle de Salvator Rosa.* Paris, 1824, 2 vol.

Leandro Ozzola, *Vita e opere Salvator Rosa pittore, poeta, incisore.* Strasbourg, 1908 ; — *Salvator Rosa* (*Gazette des Beaux-Arts*, avril 1911).

H. Voss, *Massimo Stanzioni* (*Monatshefte für Kunstwissenschaft*, 1908).

S. Mitidieri, *Mattia Preti* (*L'Arte*, 1913).

E. Petraccone, *Luca Giordano.* Naples, 1919.

La Peinture italienne au XVIIIe siècle.

Fogolari, *Opere di Sebastiano Ricci e di G. B. Pittoni recuperate dalle Gallerie di Venezia* (*Bollettino d'arte*, 1907).

Kutschera-Woborsky, *Sebastiano Riccis Arbeiten für Turin* (*Monatshefte für Kunstwissenschaft*, 1915).

Rosalba Carriera, *Journal pendant son séjour à Paris en 1720-1721, publié en italien par* Vianelli. Trad. franç. par Alfred Sensier. Paris, 1865.

E. von Hoerschelmann, *Rosalba Carriera, die Meisterin der Pastelmalerei.* Leipzig, 1908.

V. Malamani, *Rosalba Carriera* (coll. « Monografie illustrate »). Bergame, 1910.

C. Jeannerat, *Rosalba Carriera et la France* (*Revue des études italiennes*, mai 1924).

Aldo Rava, *Pietro Longhi.* Bergame, 1909.

Octave Uzanne, *Pietro Longhi* (coll. « Maîtres anciens et modernes »). Paris, s. d.

Adrien Moureau, *Antonio Canal dit le Canaletto* (coll. « Les Artistes célèbres »). Paris, 1894.

G. Ferrari, *I due Canaletti.* Turin, 1914.

Hilda Finberg, *Canaletto in England.* Londres, The Walpole Society, 1921.

G.-A. Simonson, *Francesco Guardi.* Londres, 1904 ; — *Francesco Guardi (1712-1793)*, (*Gazette des Beaux-Arts*, décembre 1908).

H. Lapauze, *Un nouveau chapitre sur l'œuvre de Francesco Guardi d'après les documents inédits* (*La Renaissance*, 1922)

Giuseppe Fiocco, *Francesco Guardi*. Florence, 1924.

H. Modern, *Giovanni Battista Tiepolo*. Vienne, 1902.

Pompeo Molmenti, *G. B. Tiepolo*. Trad. française par Neo Perera. Paris, 1911.

Henri Focillon, *G. B. Tiepolo* (« Biblioteca d'arte illustrata »). Rome, 1921.

Hermann Egger, *Architektonische Handzeichnungen alter Meister*. Leipzig, 1911.

Marcel Reymond, *Dessins anciens d'architecture* (*Gazette des Beaux-Arts*, 1911).

G. Ferrari, *La Scenografia*. Milan, 1902.

L. Hautecœur, *Rome et la Renaissance de l'Antiquité à la fin du XVIIIe siècle*. Paris, 1912.

L. Ozzola, *Les ruines romaines dans la peinture des XVIIe et XVIIIe siècles* (*L'Arte*, 1913) ; — *Gian Paolo Pannini*. Turin, 1921.

A. Giesecke, *Giovanni Battista Piranesi, 1720-1778* (coll. « Meister der Graphik »). Leipzig, s. d. (1911).

H. Focillon, *Giovanni Battista Piranesi*, et *Giovanni Battista Piranesi : Essai de catalogue raisonné*. Paris, 1918.

Arthur-M. Hind, *Giovanni Battista Piranesi : a critical study*. Londres, 1922.

Charles Blanc, *Pompeo Batoni* (dans l'*Histoire des peintres : École romaine*).

TABLE DES MATIÈRES

ACHEVÉ D'IMPRIMER
LE TREIZE MARS MIL NEUF CENT TRENTE
PAR L'IMPRIMERIE PROTAT FRÈRES A MACON
POUR LES ÉDITIONS G. VAN OEST A PARIS ET BRUXELLES.
PLANCHES HORS TEXTE EN HÉLIOGRAVURE
TIRÉES PAR LA SOCIÉTÉ ANONYME
NÉOGRAVURE A PARIS

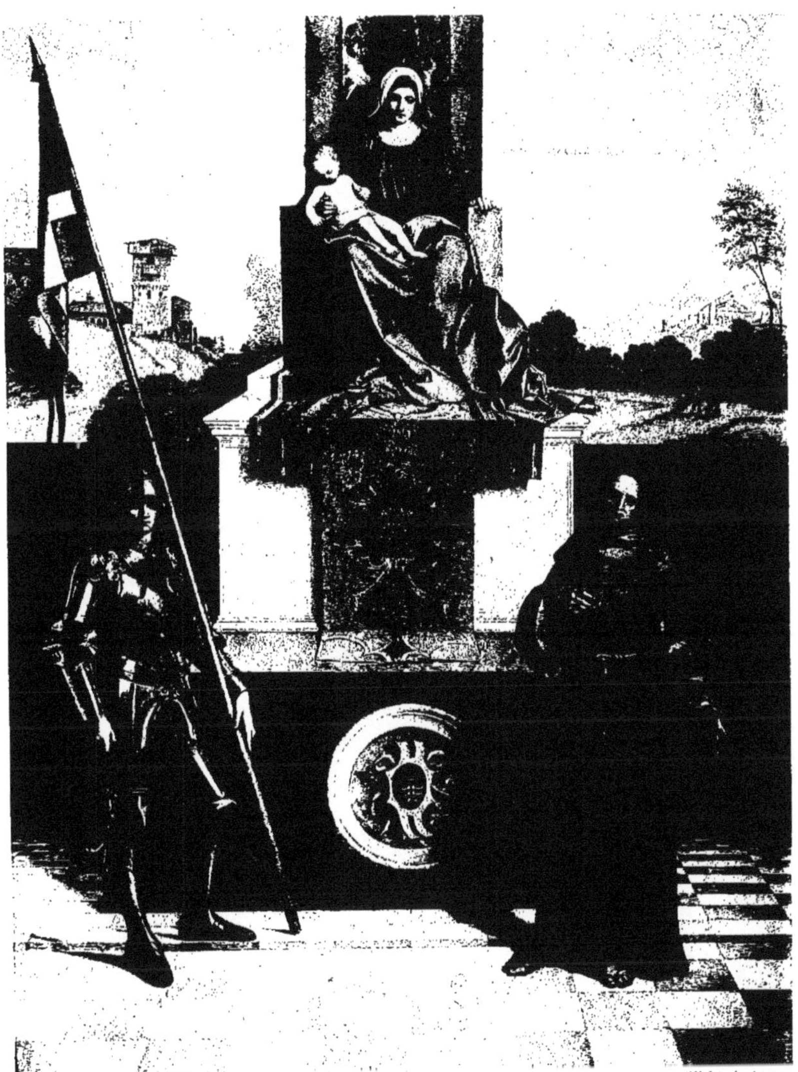

GIORGIONE.
La Madone avec l'Enfant sur un trône
entre saint Libéral et saint Antoine.
(Église de Castelfranco.)

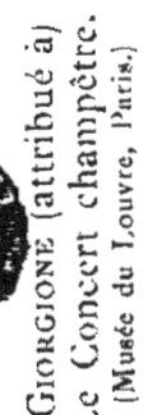

GIORGIONE (attribué à)
Le Concert champêtre.
(Musée du Louvre, Paris.)

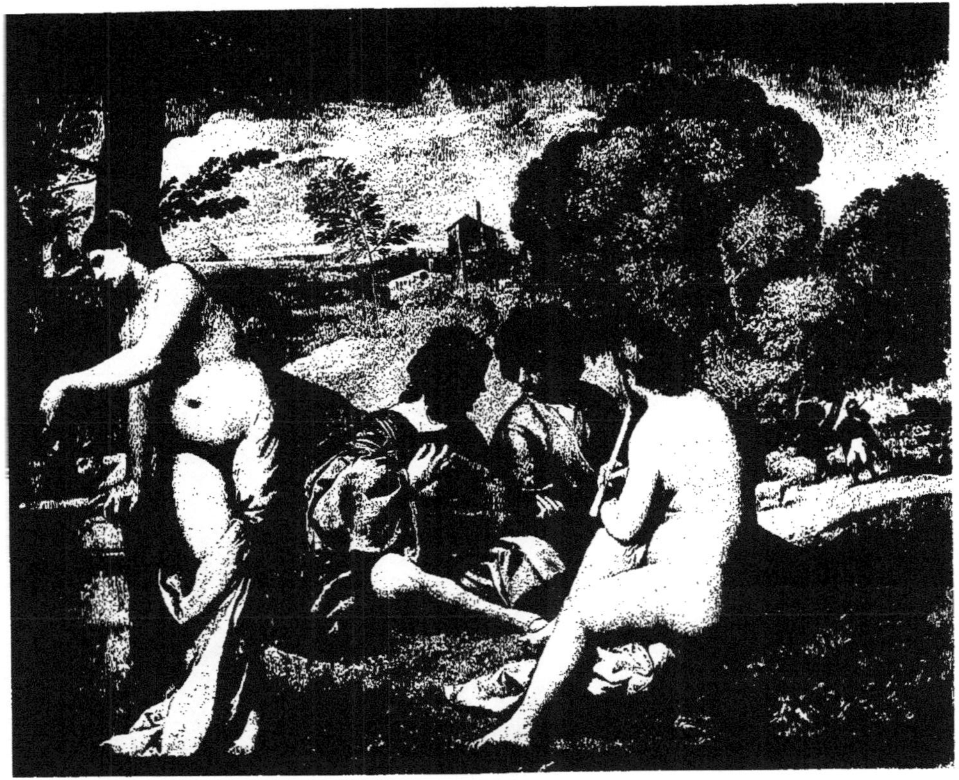

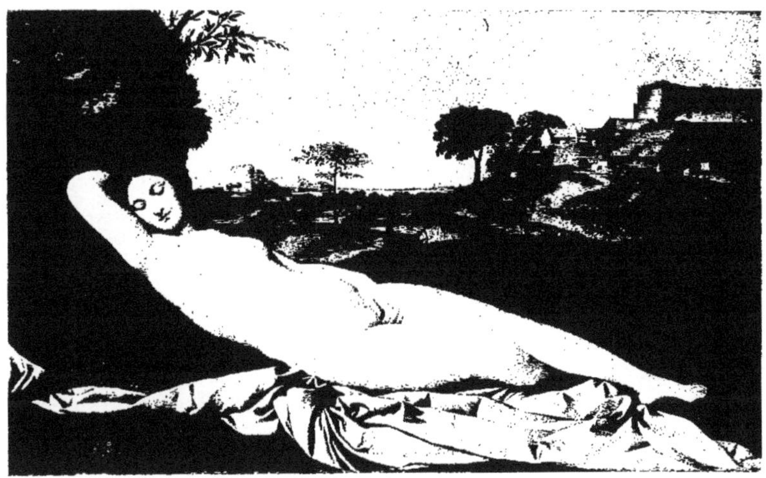

Cliché Alinari.

GIORGIONE.
Vénus couchée.
(Galerie de peinture, Dresde.)

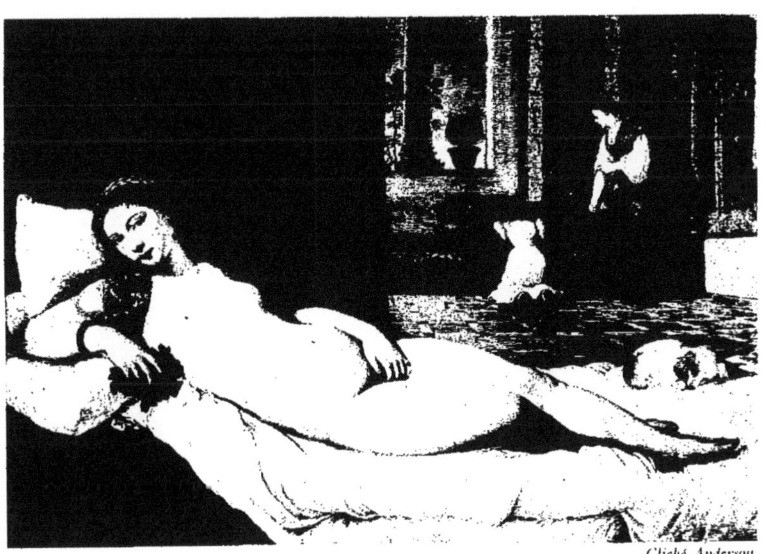

Cliché Anderson.

TITIEN.
Vénus couchée, dite « Vénus d'Urbin ».
(Galerie des Offices, Florence.)

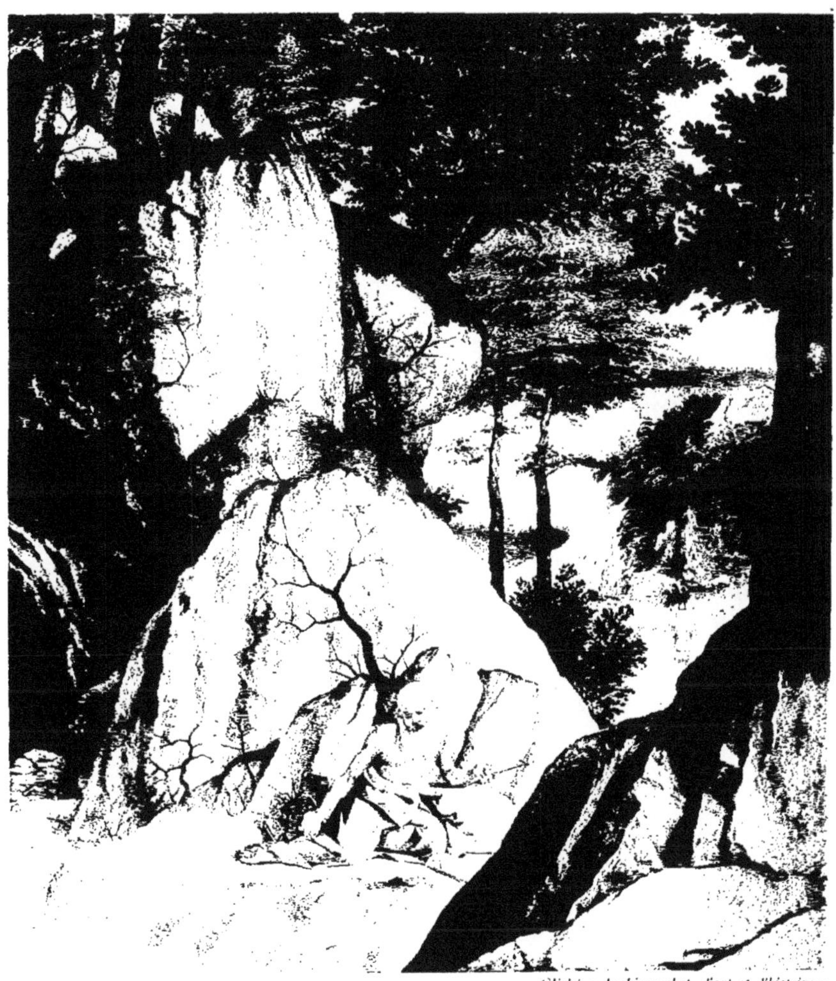

Cliché « Archives phot. d'art et d'histoire ».

Lorenzo Lotto.
Saint Jérôme.
(Musée du Louvre, Paris.)

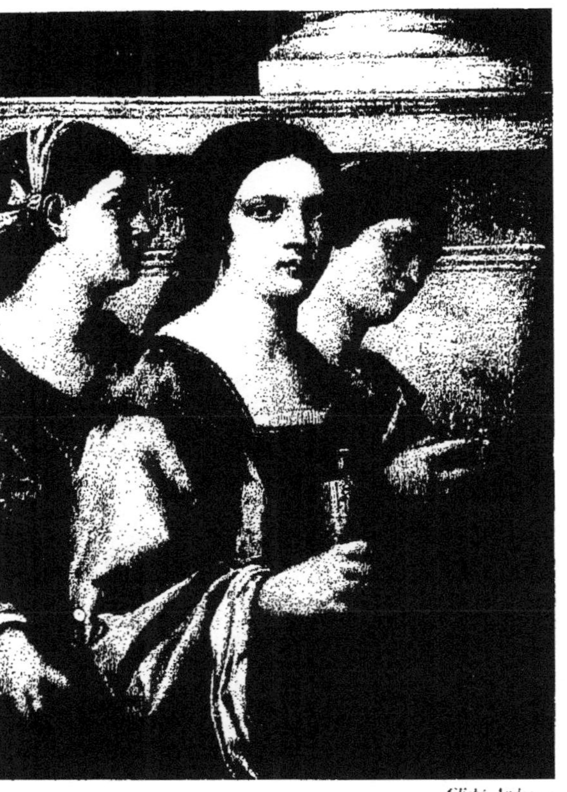

Palma le Vieux.
Sainte Barbe.
(Église Santa Maria Formosa, Venise.)

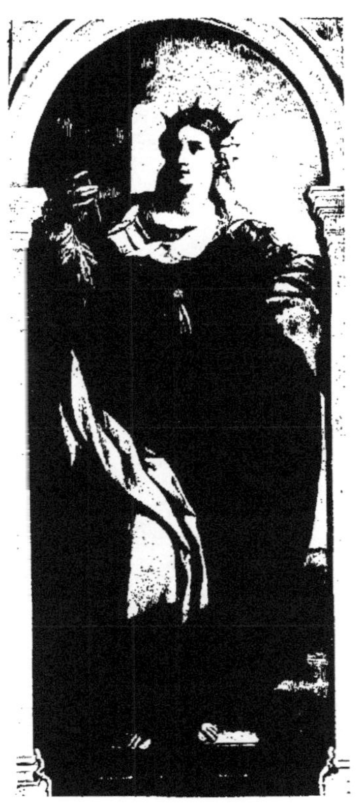

Cliché Anderson.

Sebastiano del Piombo.
Trois saintes (détail du « Saint Jean-Chrysostome
avec trois saints et trois saintes »).
(Église Saint-Jean-Chrysostome, Venise.)

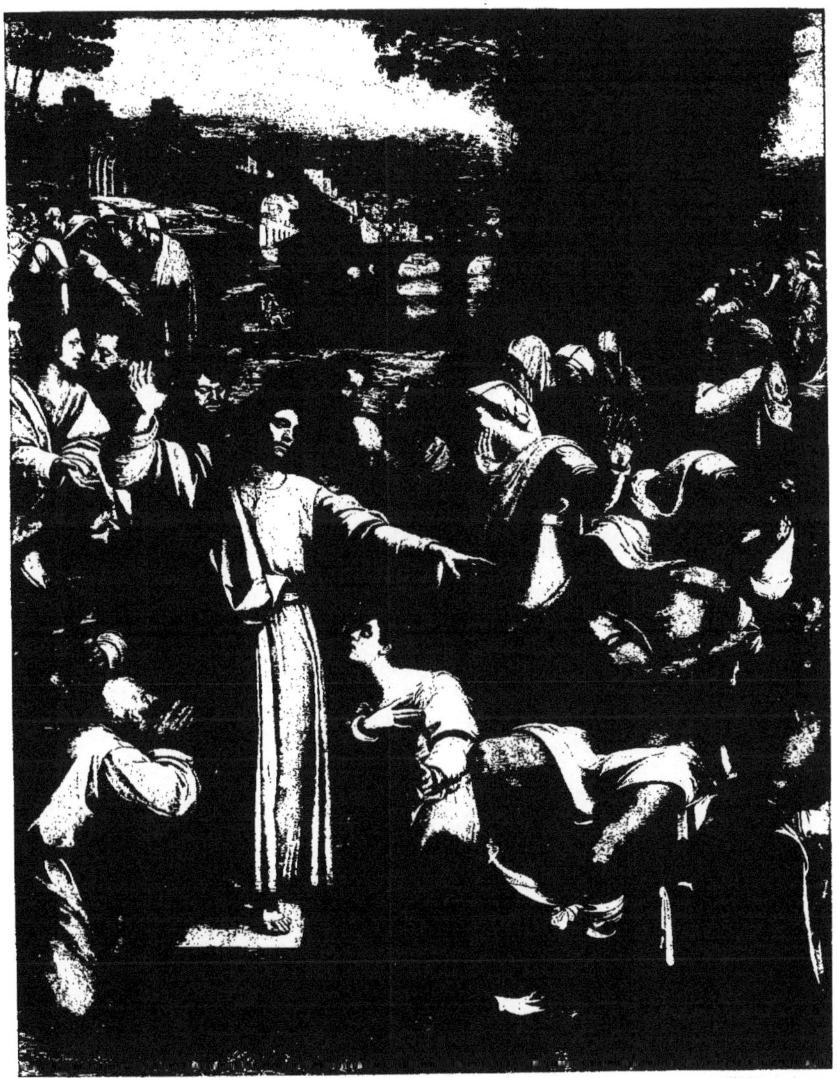

Sebastiano del PIOMBO.
La Résurrection de Lazare.
(National Gallery, Londres.)

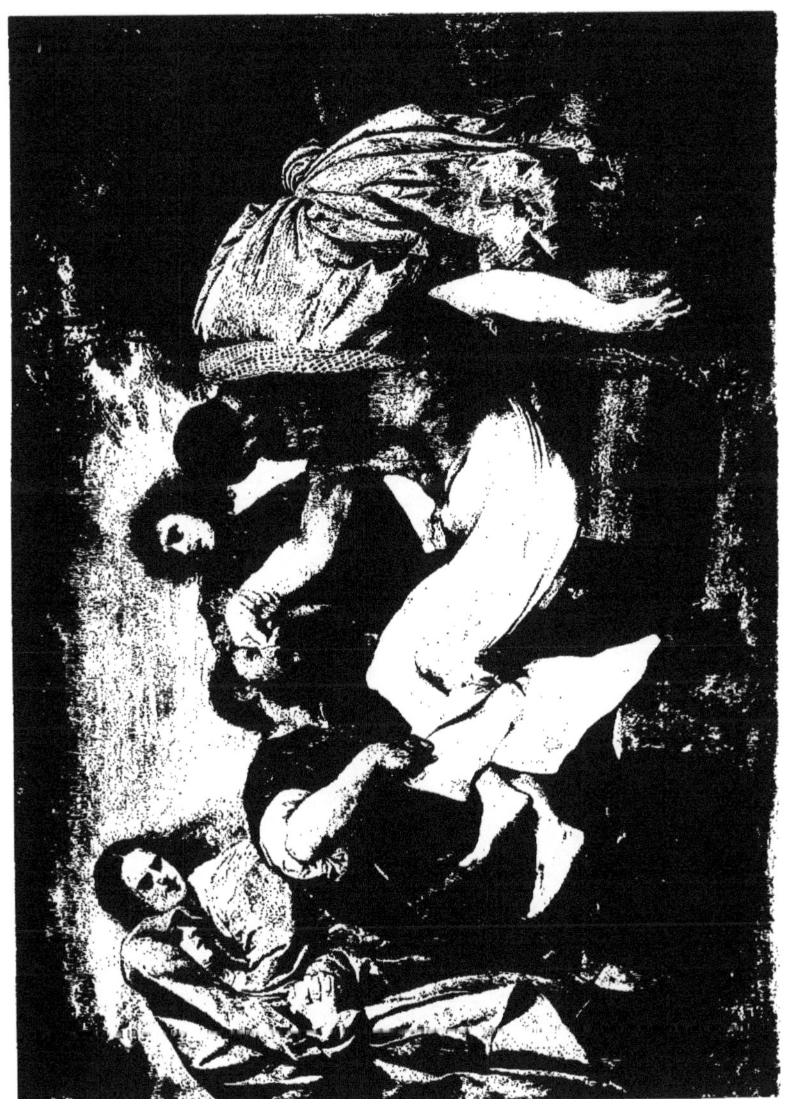

Titien.
La Mise au tombeau.
(Musée du Louvre, Paris.)

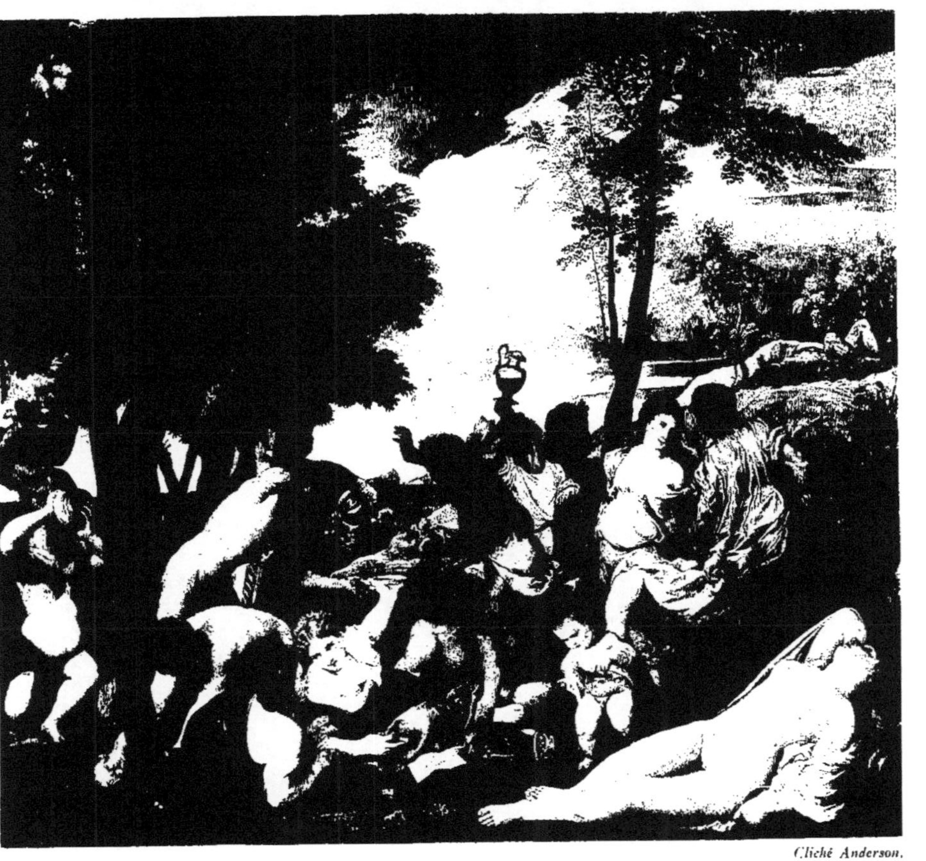

Cliché Anderson.

TITIEN.
Bacchanale.
(Musée du Prado, Madrid.)

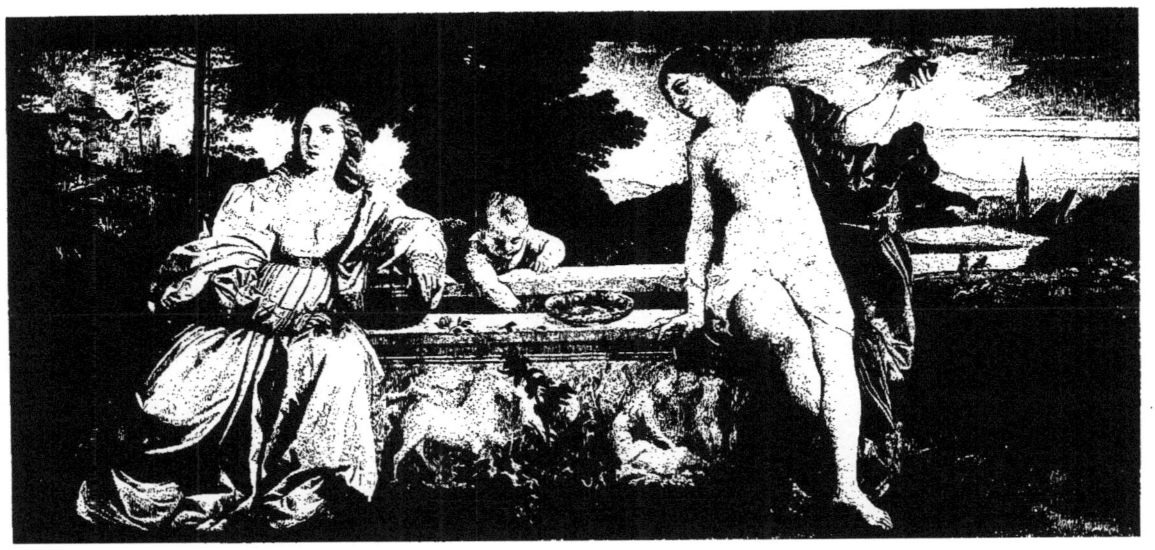

TITIEN.
« L'Amour sacré et l'Amour profane ».
(Galerie Borghèse, Rome.)

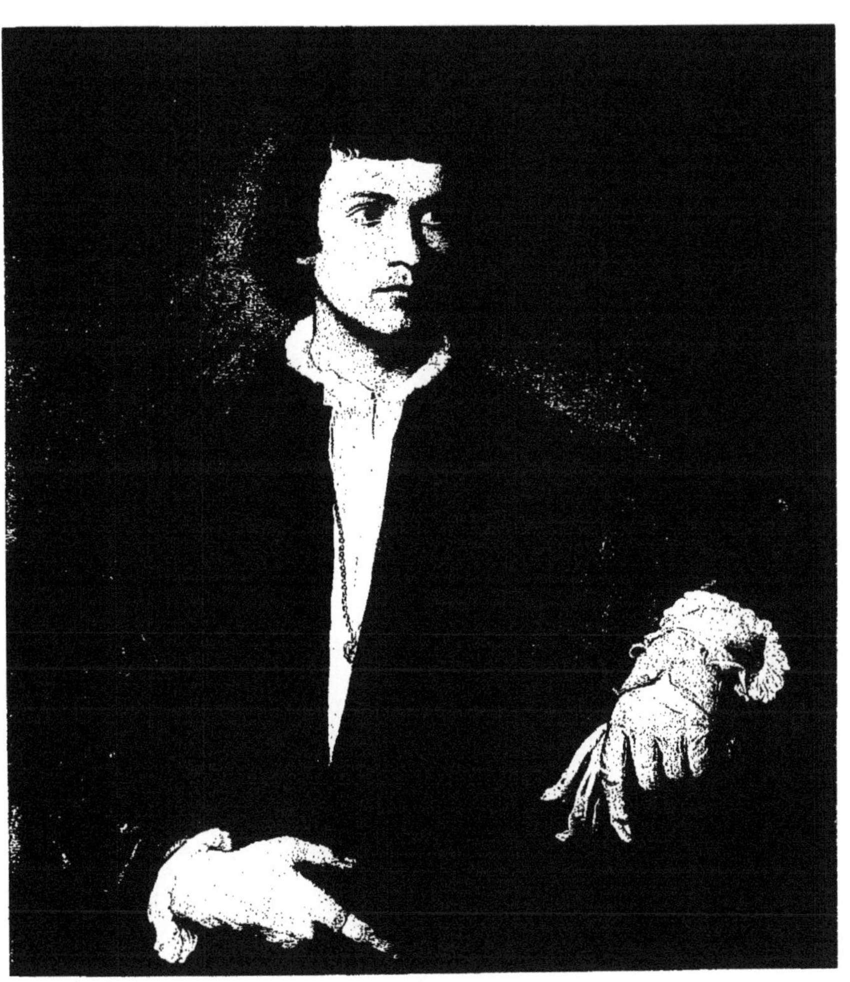

TITIEN.
L'Homme au gant.
(Musée du Louvre, Paris.)

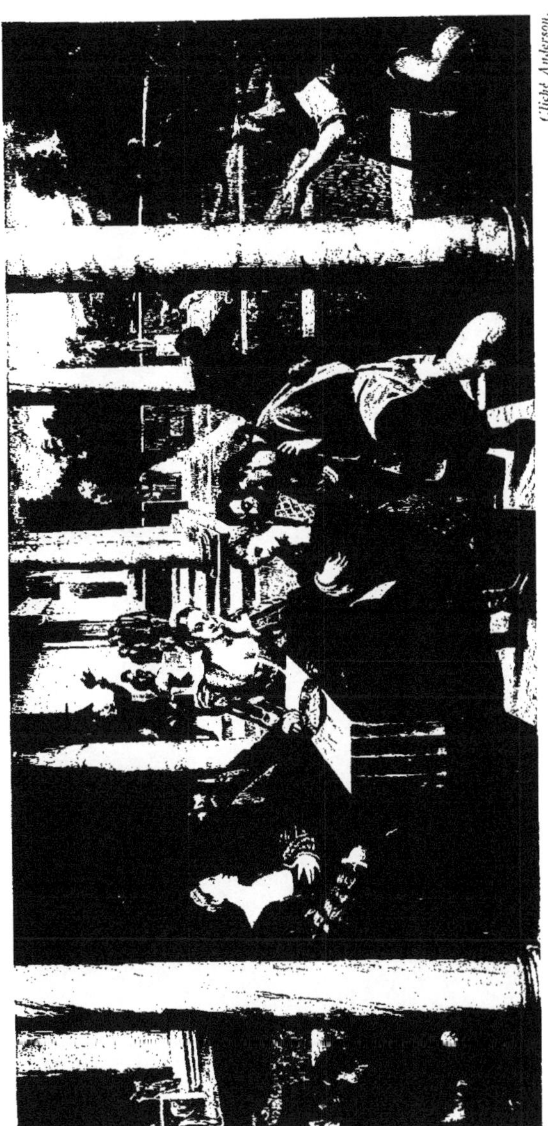

Cliché Anderson.

BONIFAZIO.
Le Repas du mauvais riche.
(Académie des Beaux-Arts, Venise.)

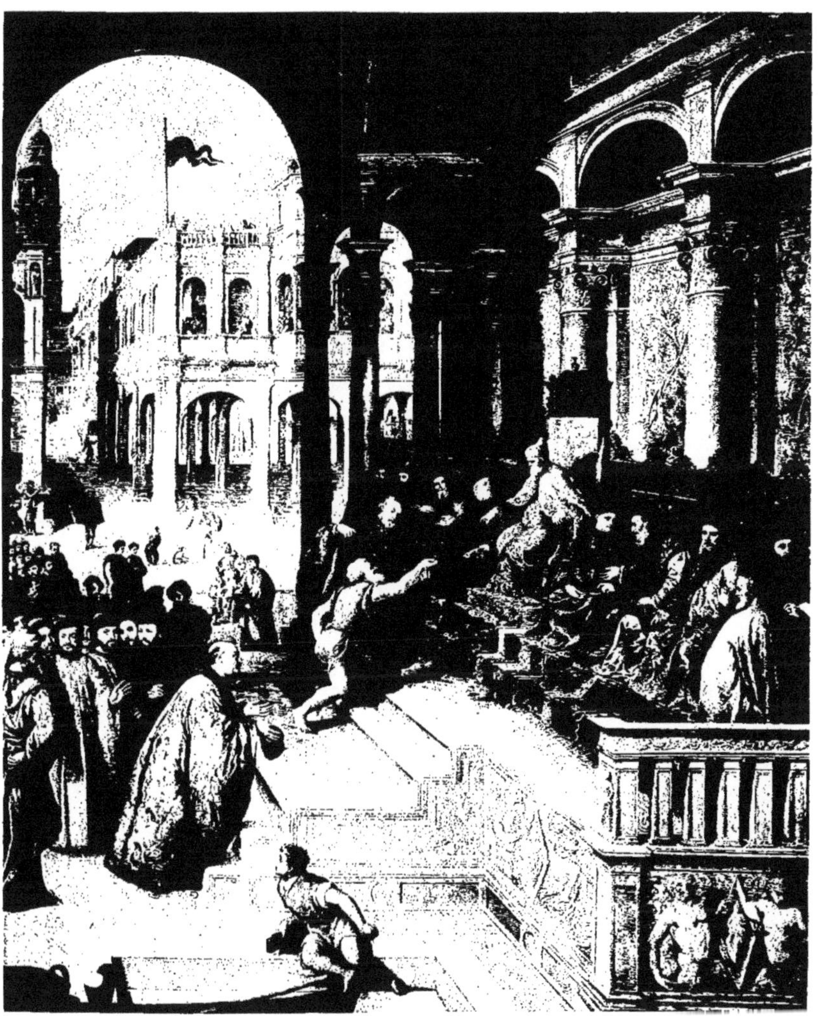

Pâris Bordone.
Le Doge et le Sénat recevant du pêcheur
l'anneau de saint Marc.
(Académie des Beaux-Arts, Venise.)

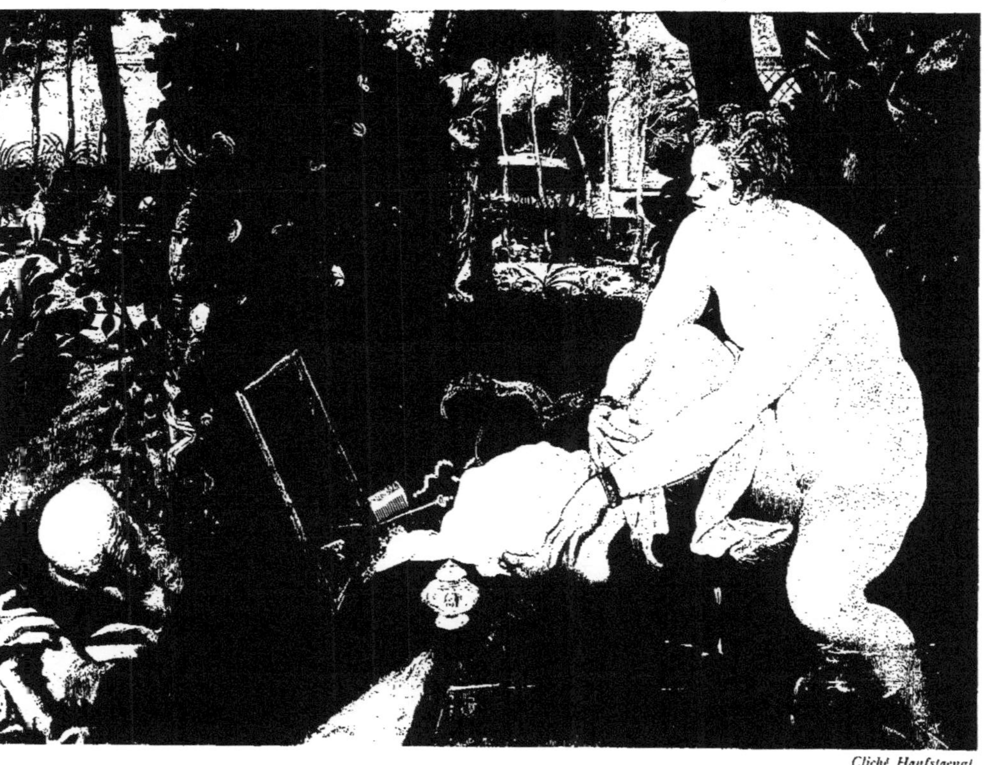

Le TINTORET.
La chaste Suzanne et les vieillards.
(Musée d'histoire de l'art, Vienne.)

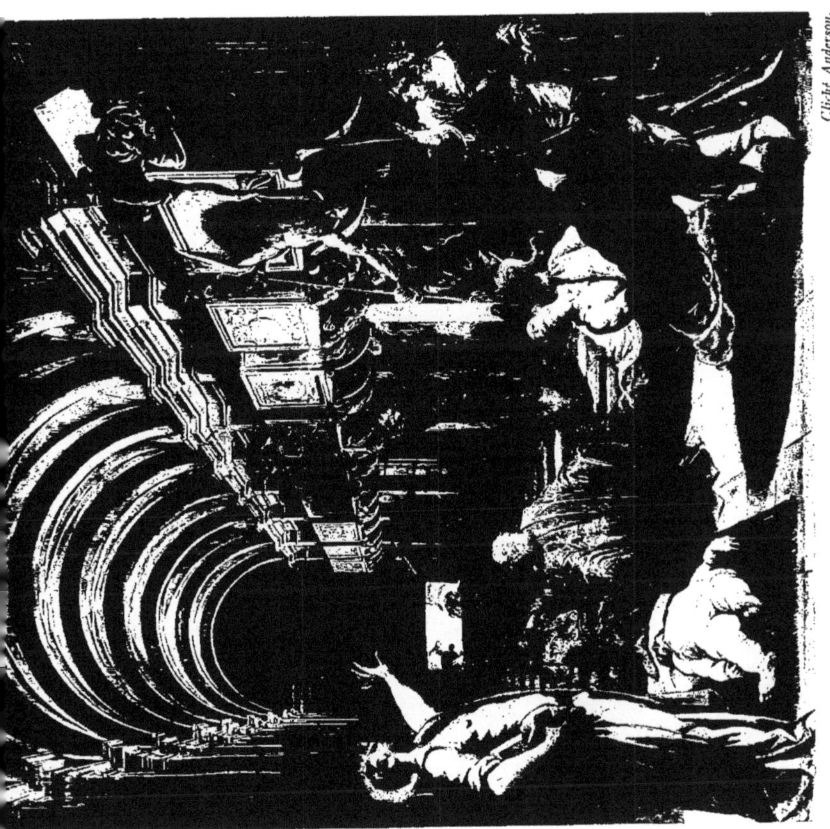

Cliché Anderson.

LE TINTORET.
L'Invention du corps de saint Marc.
(Musée Brera, Milan.)

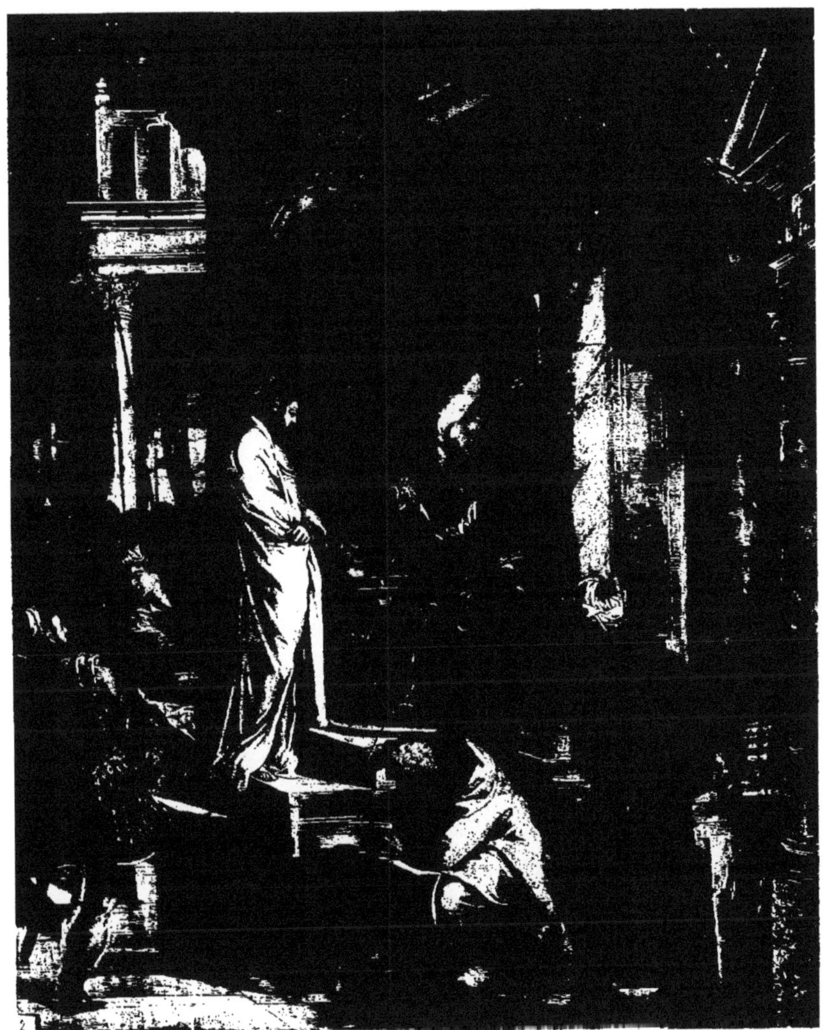

Le TINTORET.
Jésus devant Pilate.
(Scuola di San Rocco, Venise.)

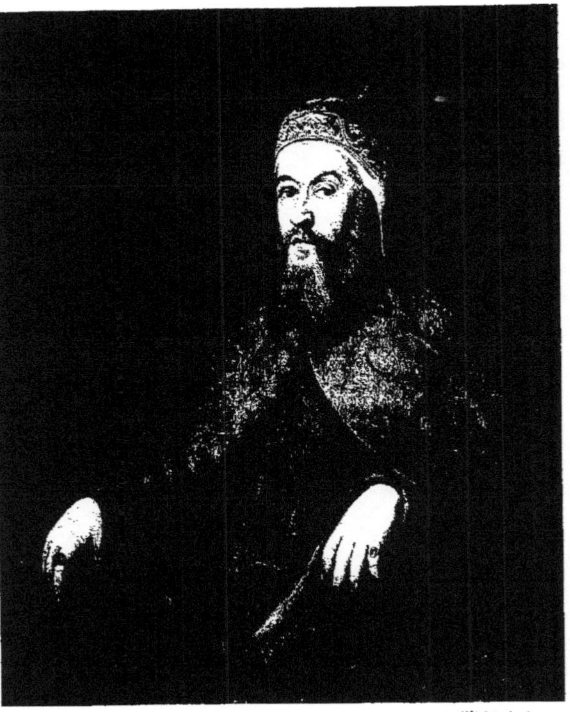

Cliché Anderson.

Le Tintoret.
Portrait du doge Alvise Mocenigo.
(Académie des Beaux-Arts, Venise.)

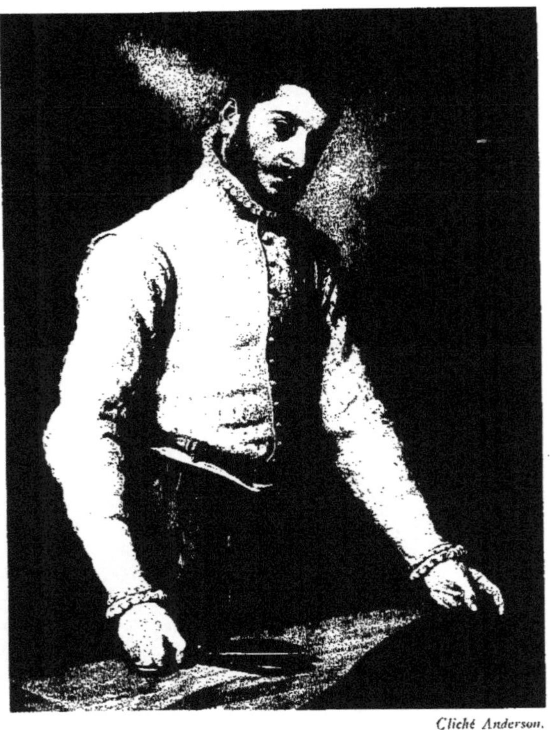

Cliché Anderson.

G.-B. Moroni.
Portrait d'un tailleur,
(National Gallery, Londres.)

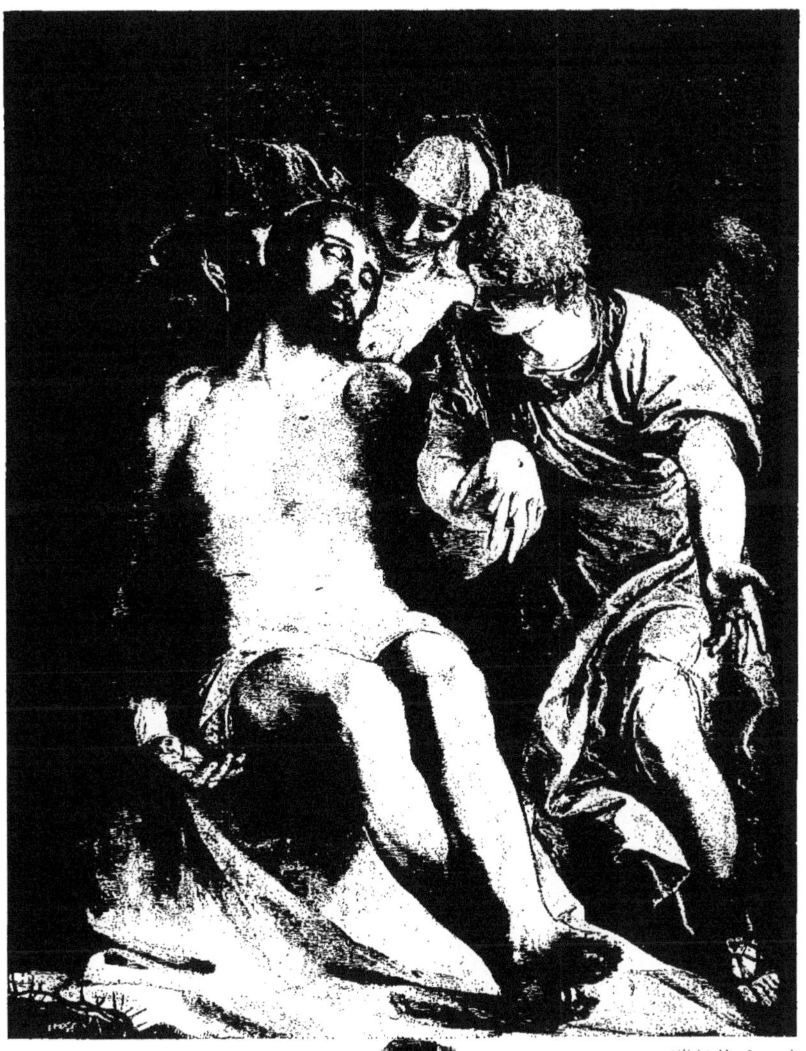

Paul VÉRONÈSE.
Pietà.
Musée de l'Ermitage. (Petrograd.)

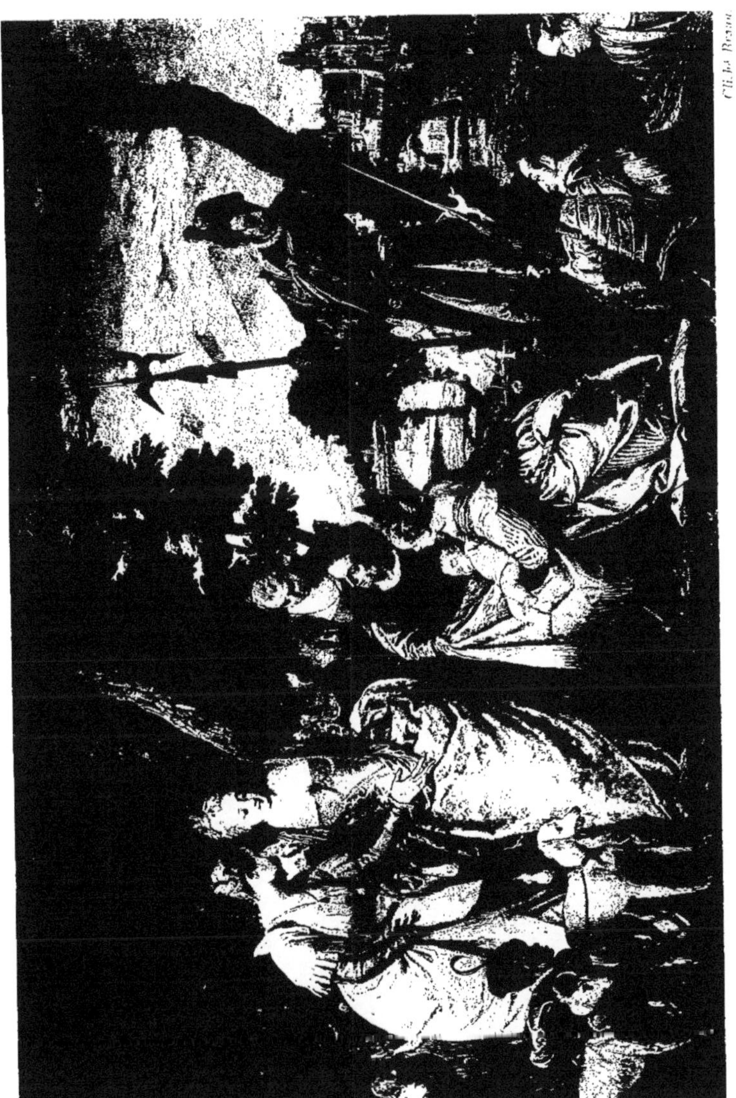

Paul VÉRONÈSE.
Moïse sauvé des eaux.
(Galerie de peinture, Dresde.)

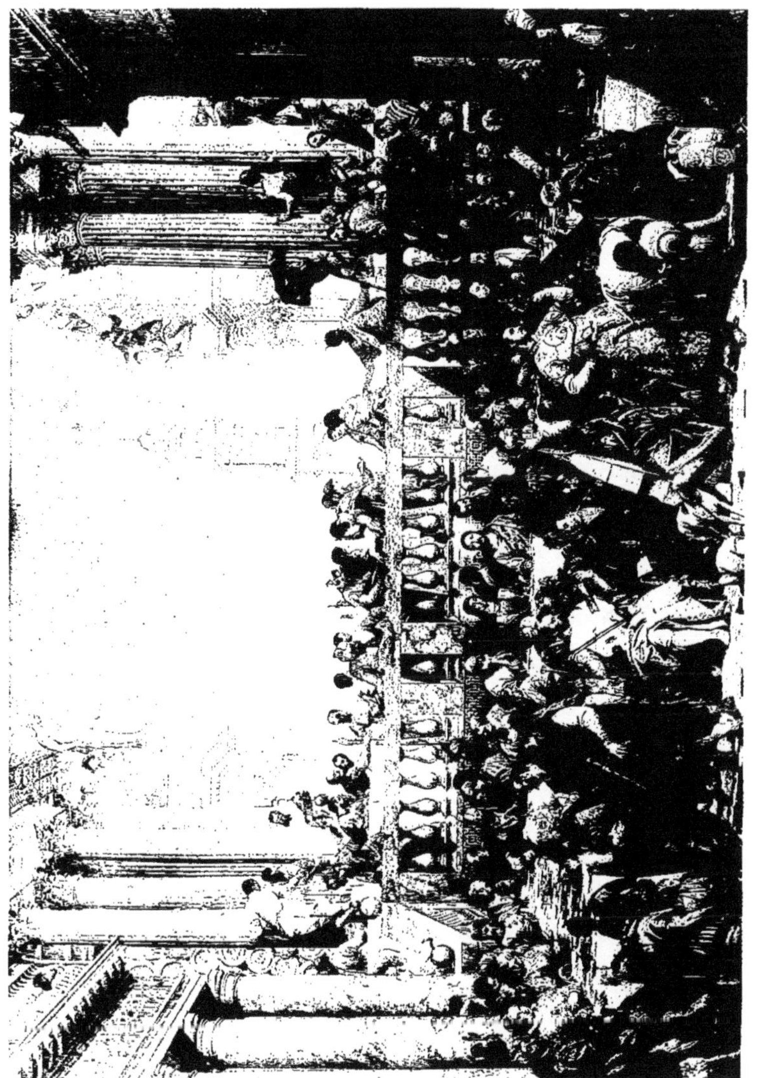

Paul Véronèse.
Les Noces de Cana.
(Musée du Louvre, Paris.)

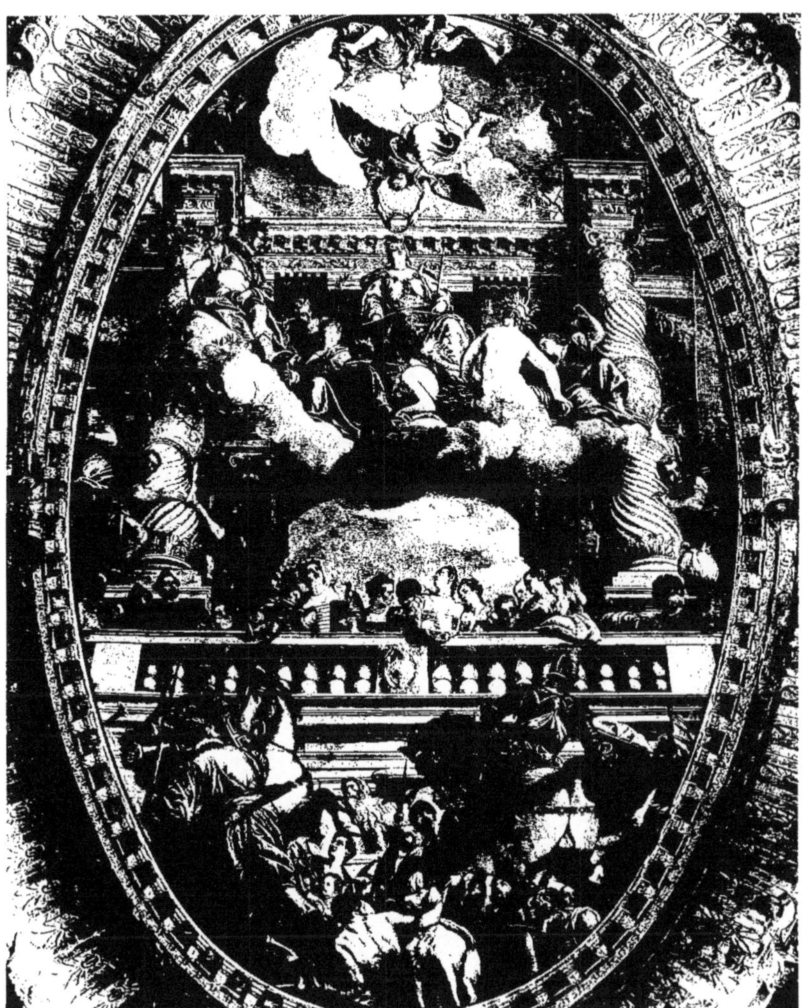

Paul VÉRONÈSE.
Le Triomphe de Venise.
(Palais des Doges, Venise.)

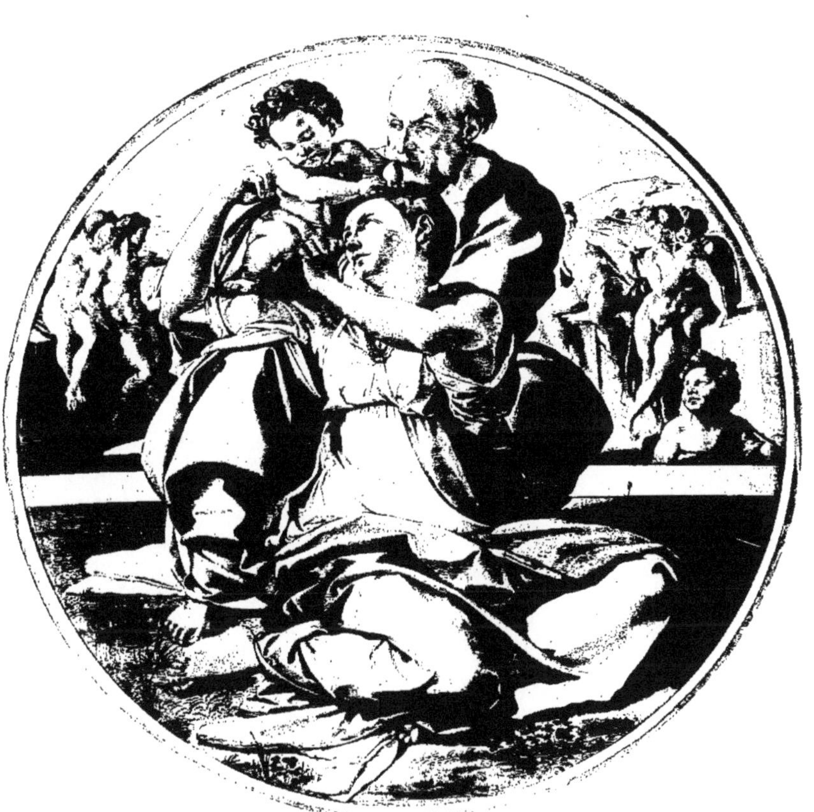

MICHEL-ANGE.
La Sainte Famille.
(Galerie des Offices, Florence.)

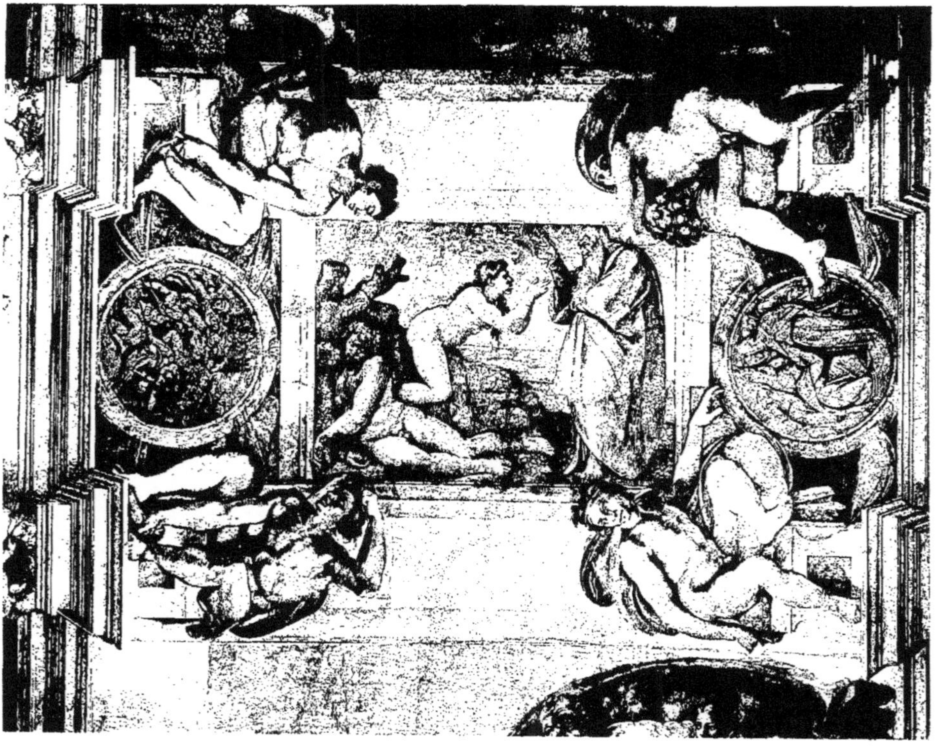

MICHEL-ANGE.
La Création de la femme, fresque.
(Voûte de la Chapelle Sixtine, Vatican.)

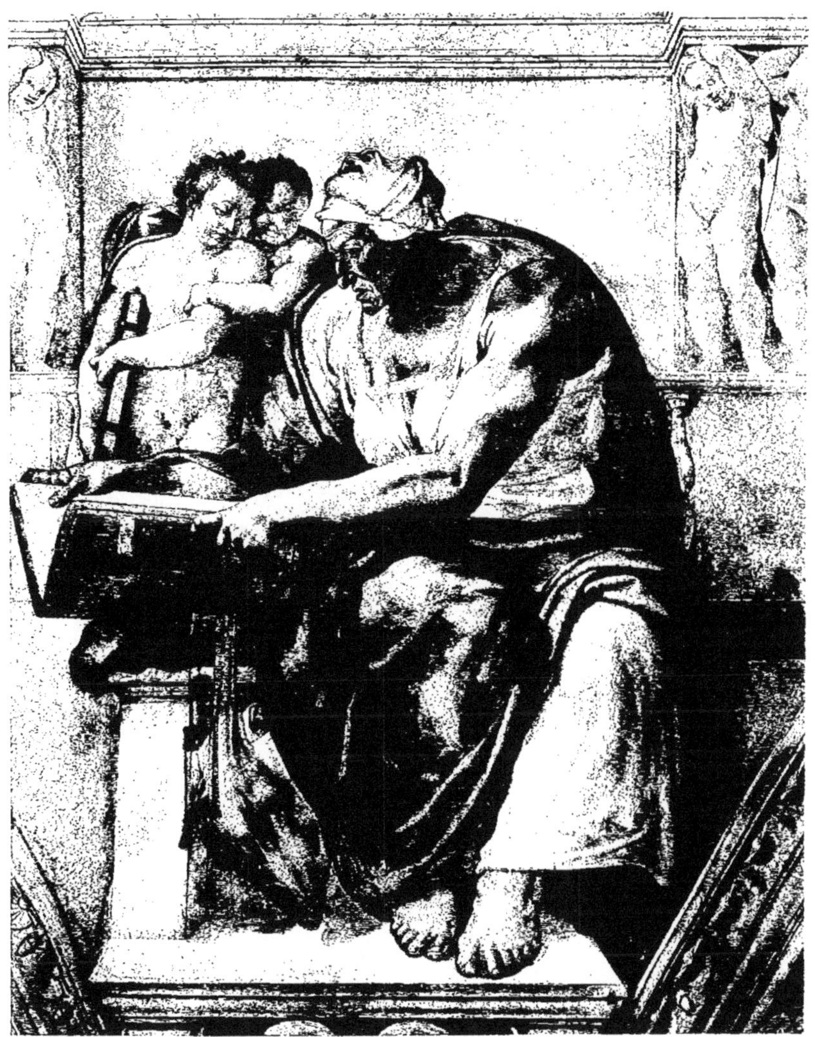

MICHEL-ANGE.
La Sibylle de Cumes, fresque.
(Voûte de la Chapelle Sixtine, Vatican.)

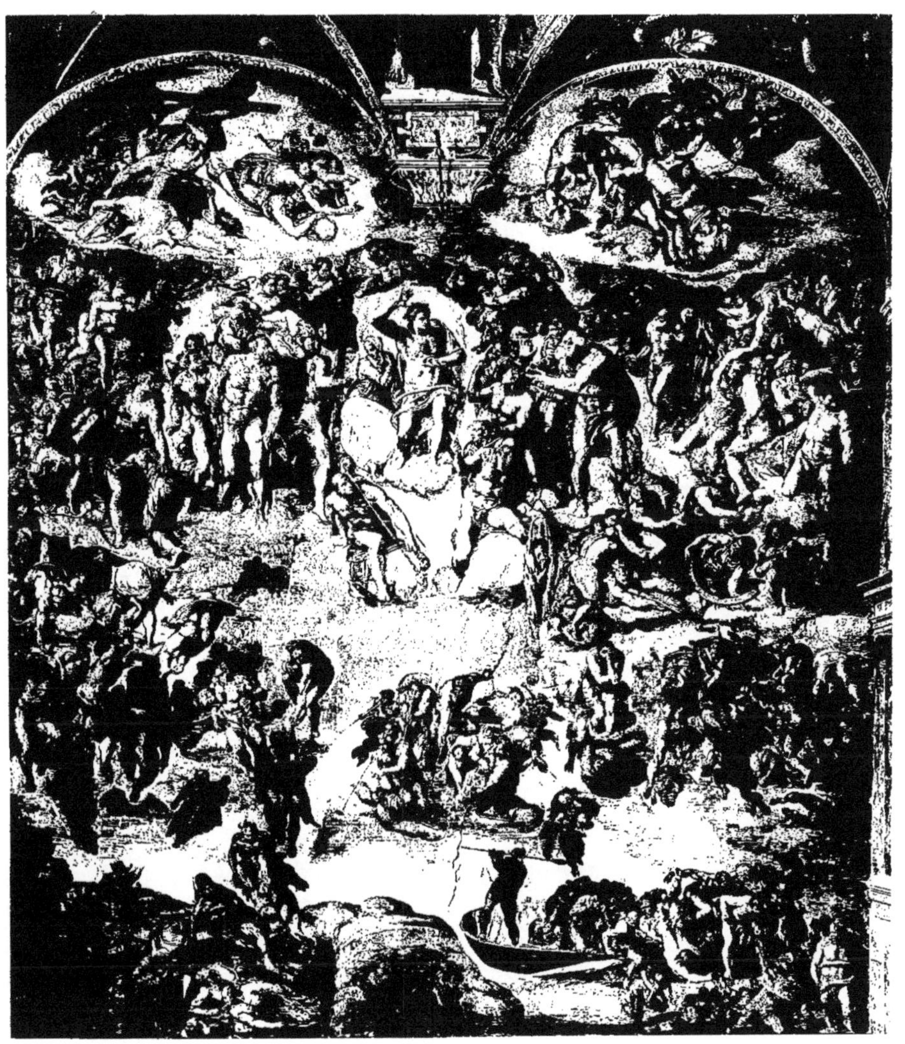

MICHEL-ANGE.
Le Jugement dernier, fresque.
(Chapelle Sixtine, Vatican.)

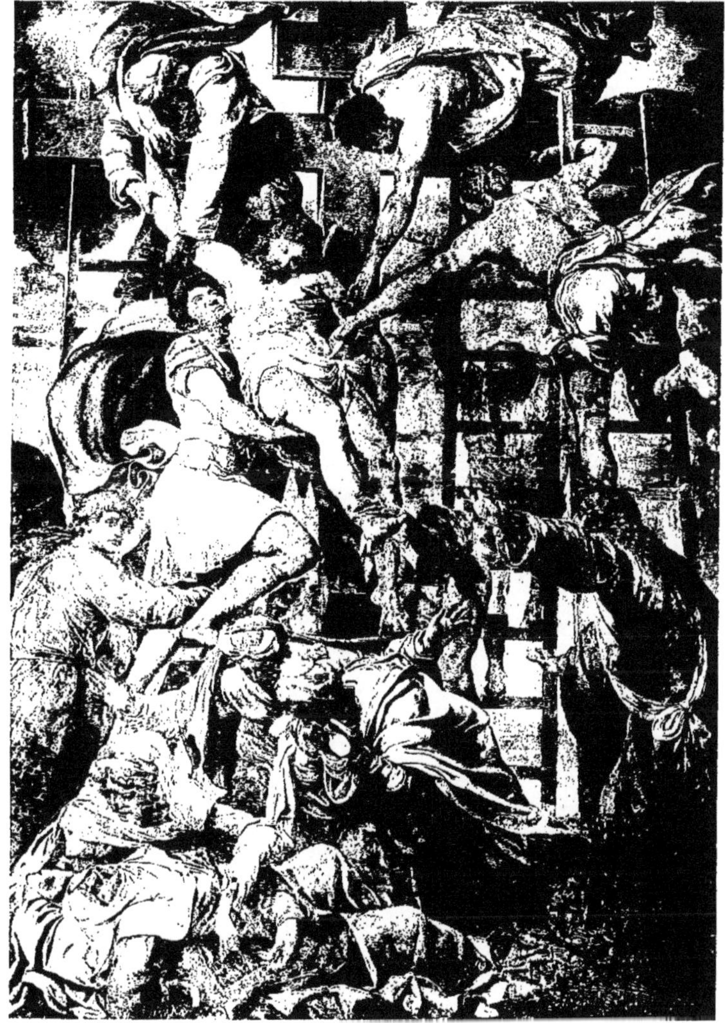

Daniel de Volterre.
La Descente de croix.
(Église de la Trinité-des-Monts, Rome.)

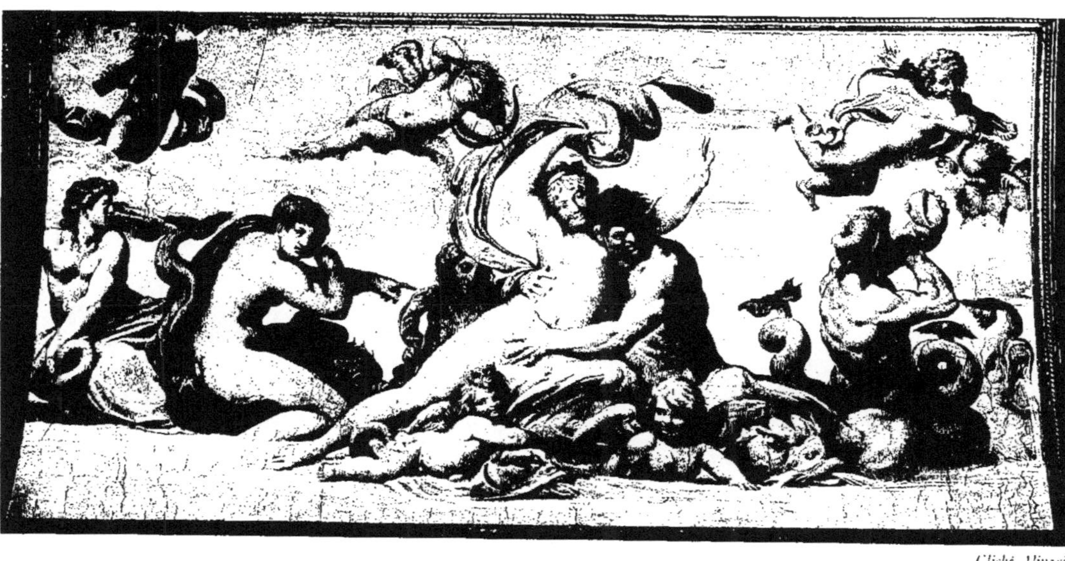

Cliché Alinari.

Augustin CARRACHE.
Le Triomphe de Galatée, fresque.
(Palais Farnèse, Rome.)

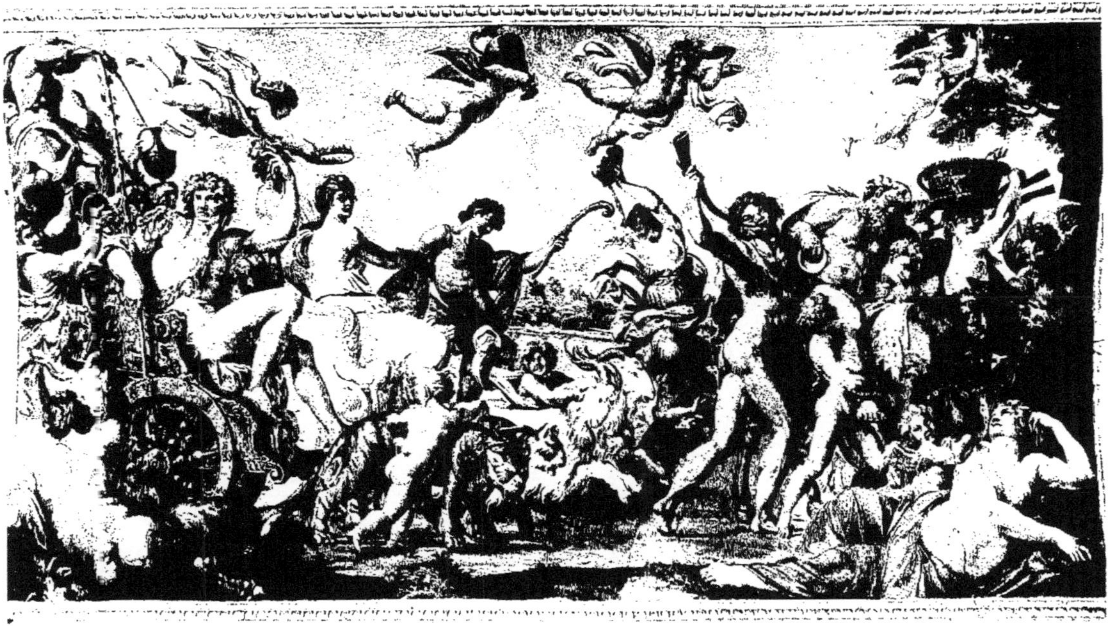

Annibal et Augustin CARRACHE.
Le Triomphe de Bacchus et d'Ariane, fresque
(Palais Farnèse, Rome.)

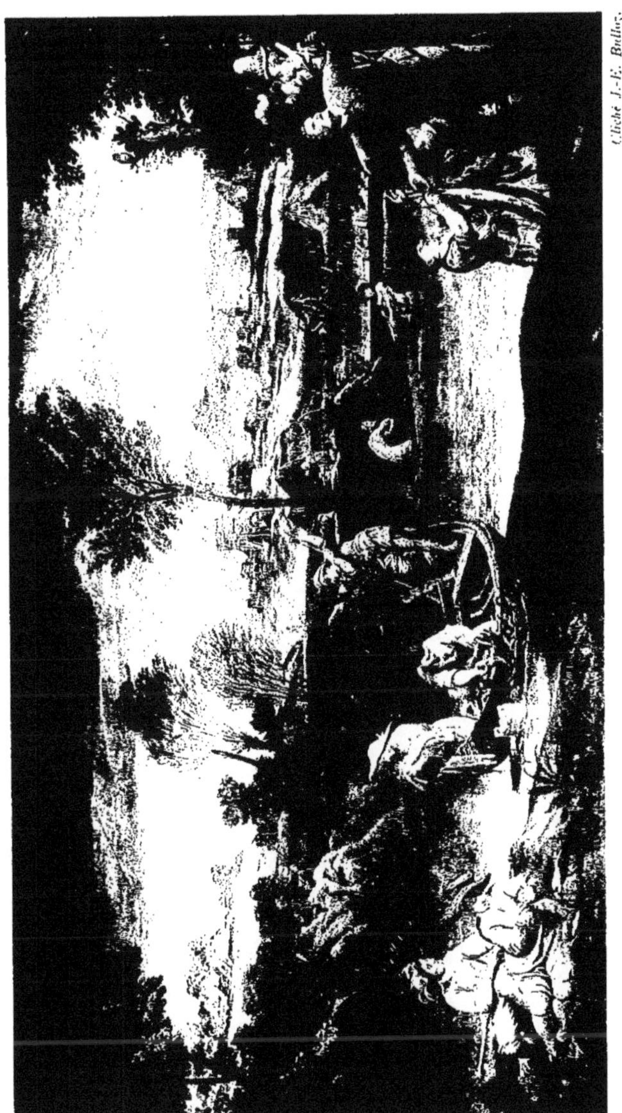

Cliché J.-E. Bulloz.

Annibal CARRACHE.
La Pêche.
(Musée du Louvre, Paris.)

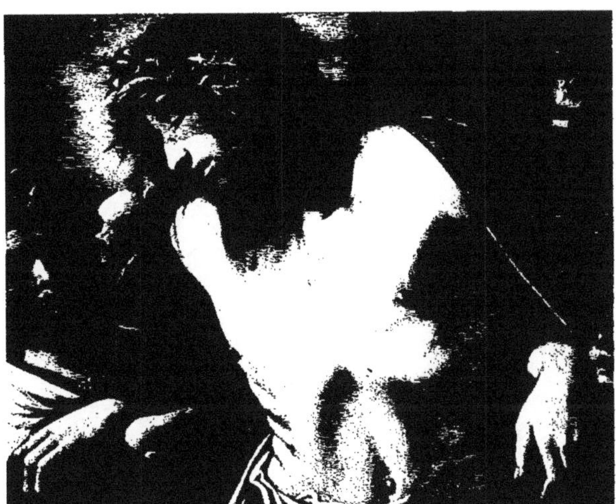

Cliché Braun.

Annibal CARRACHE.
Le Christ mort.
(Galerie de peinture, Dresde.

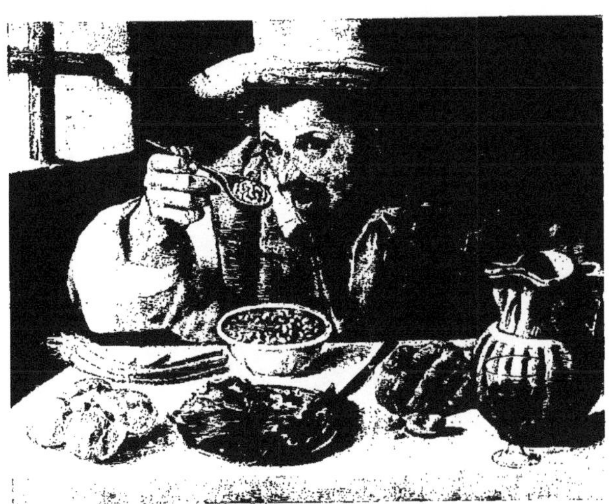

Cliché Anderson.

Annibal CARRACHE.
Le Mangeur de fèves.
(Galerie Colonna, Rome.)

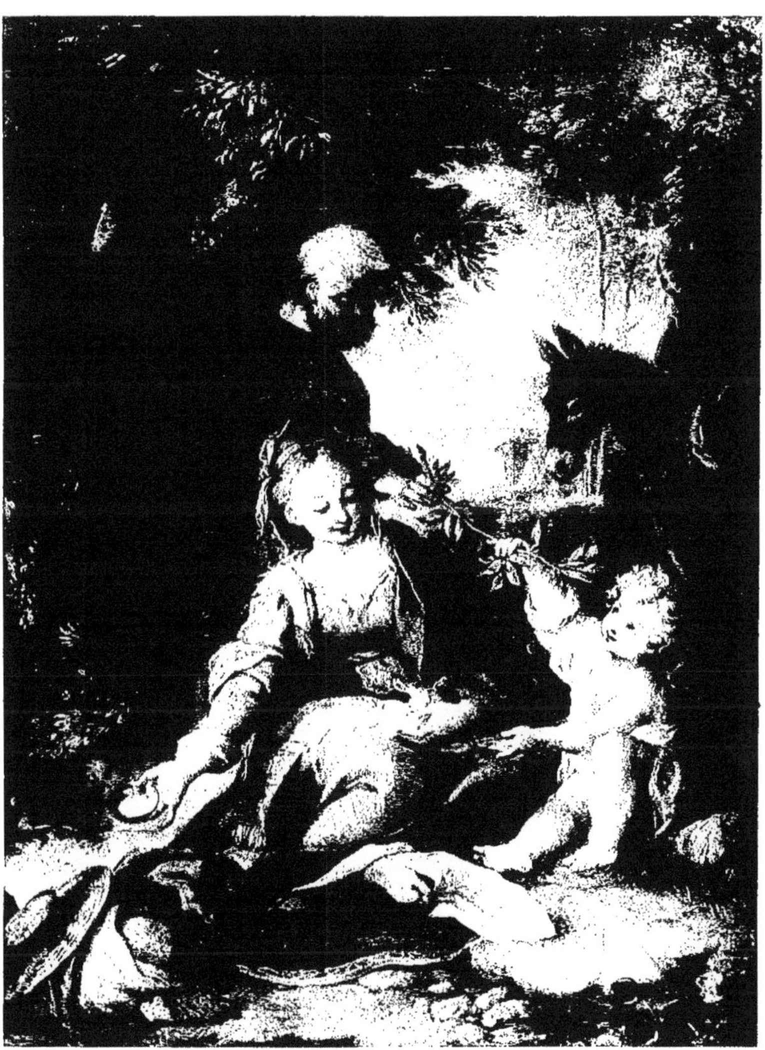

F. BAROCCIO.
La Fuite en Égypte.
(Pinacothèque Vaticane, Rome.)

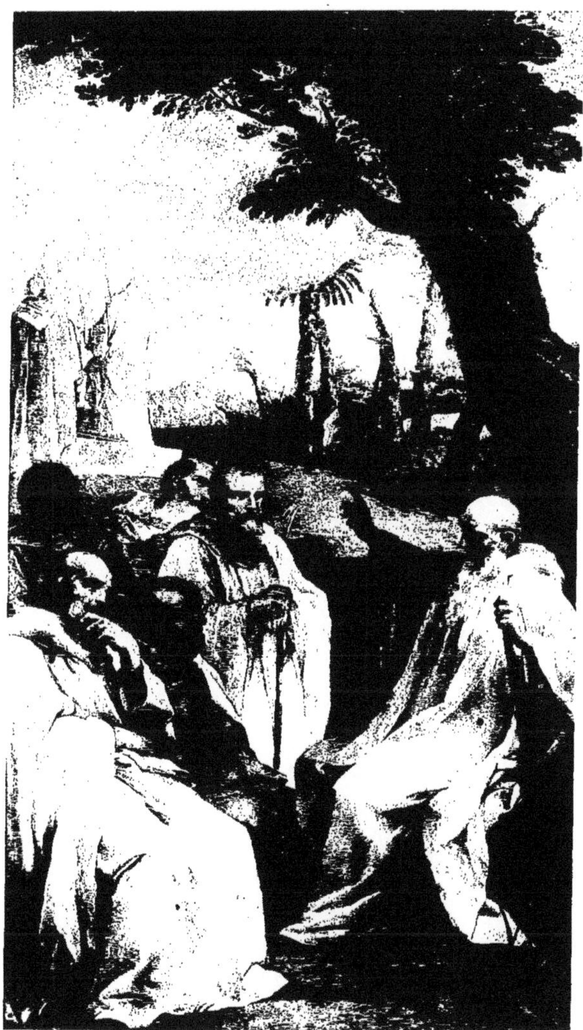

Andrea SACCHI.
Saint Romuald racontant sa vision.
(Pinacothèque Vaticane. Rome.)

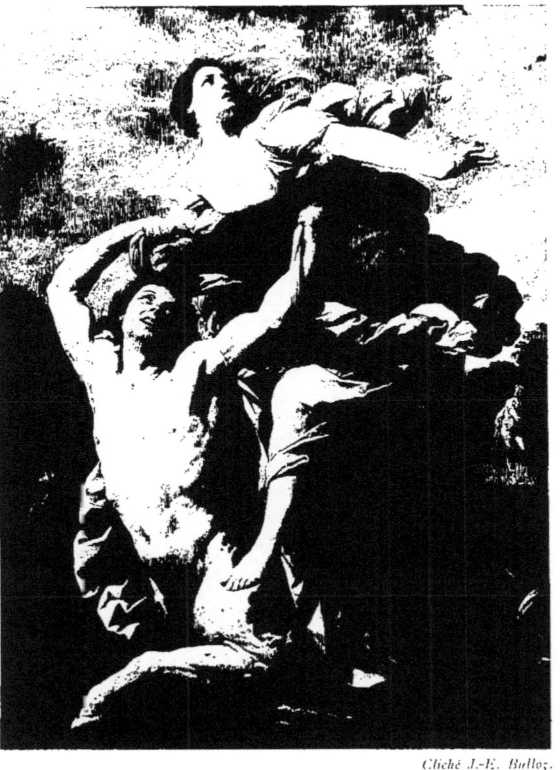

Cliché J.-E. Bulloz.

Guido Reni.
Le Centaure Nessus enlevant Déjanire.
(Musée du Louvre, Paris.)

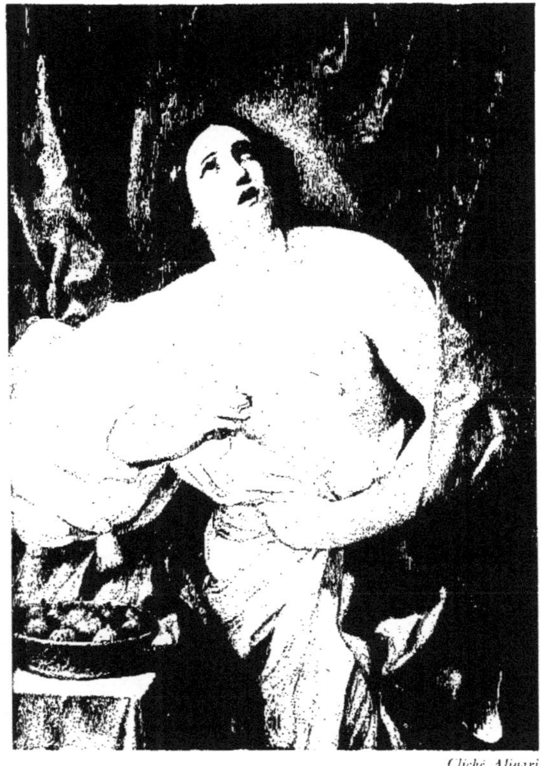

Cliché Alinari.

Guido Reni.
Cléopâtre.
(Galerie du Palais Pitti. Florence.)

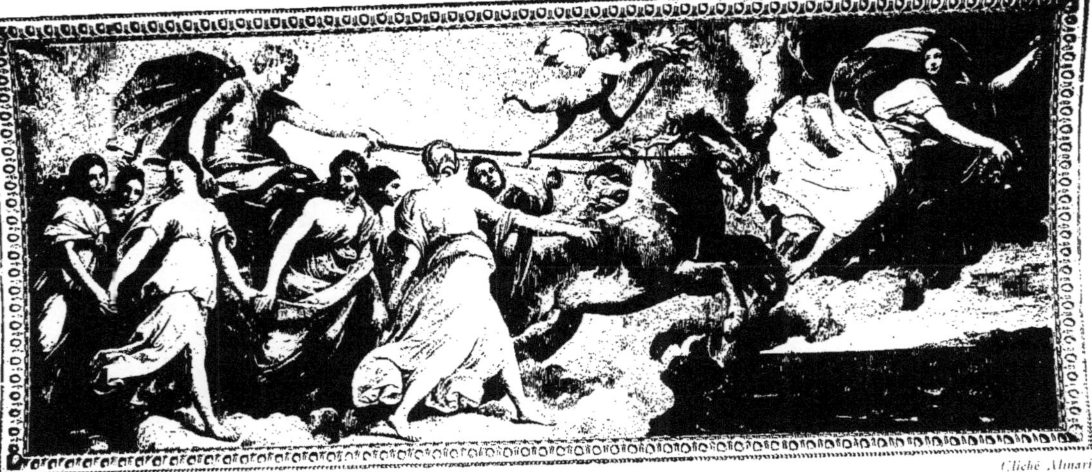

Guido RENI.
L'Aurore, fresque.
(Palais Rospigliosi, Rome.)

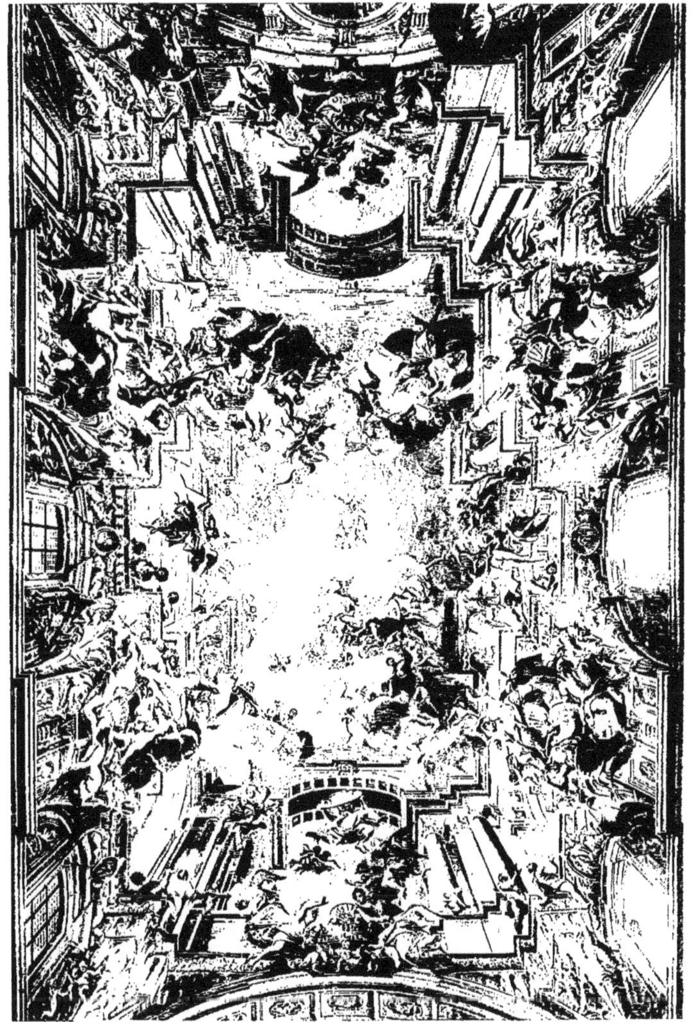

Cliché Anderson.

Le P. Pozzo.
Entrée de saint Ignace au Paradis, fresque.
(Voûte de l'église Saint-Ignace, Rome.)

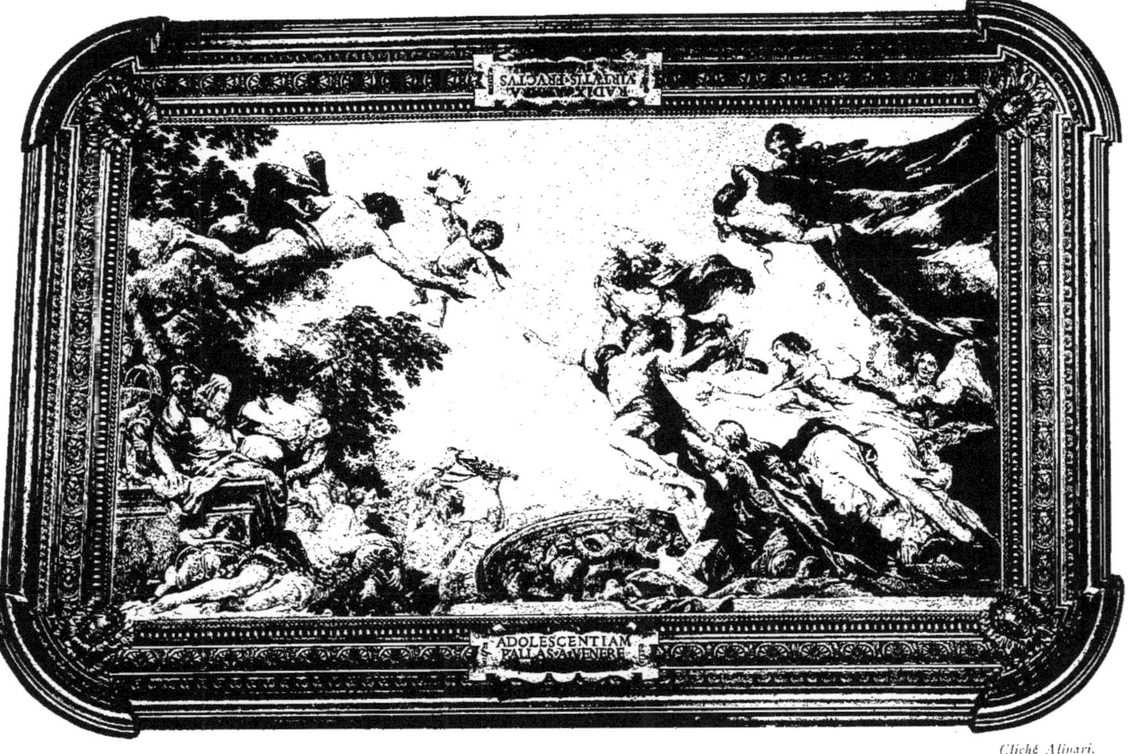

Pierre de Cortone.
Pallas détourne de Vénus l'Adolescence.
(Plafond de la salle de Vénus au Palais Pitti, Florence.)

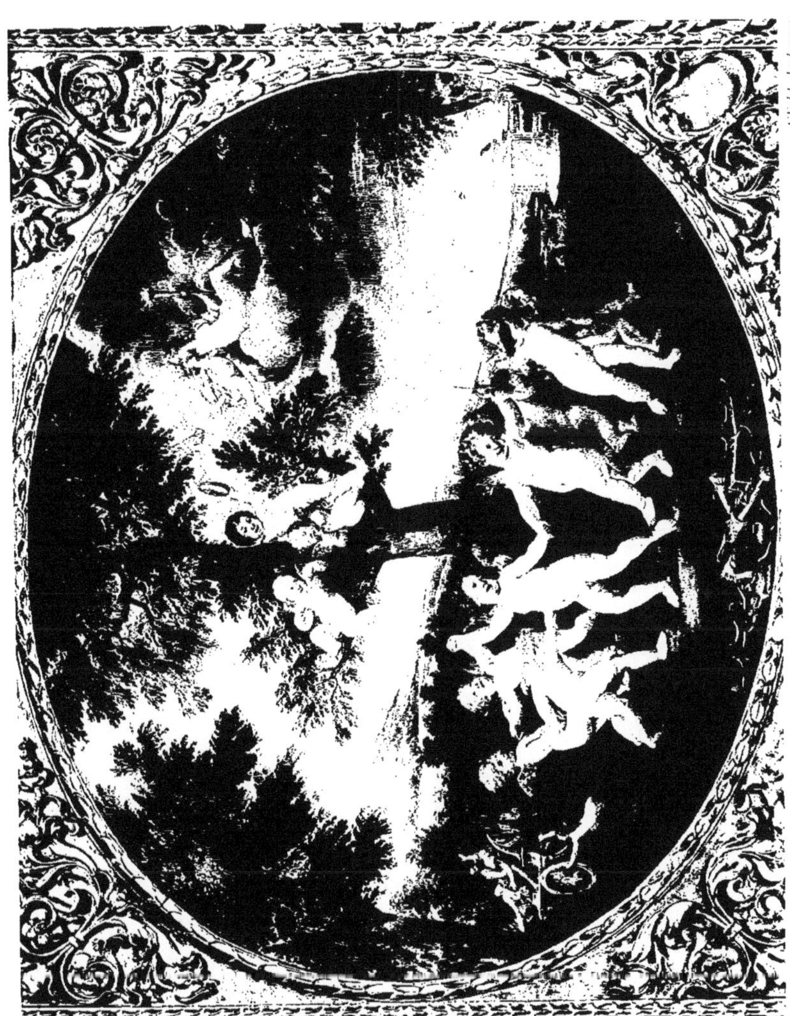

Cliché Anderson.

L'ALBANE.
Ronde d'Amours.
(Musée Brera, Milan.)

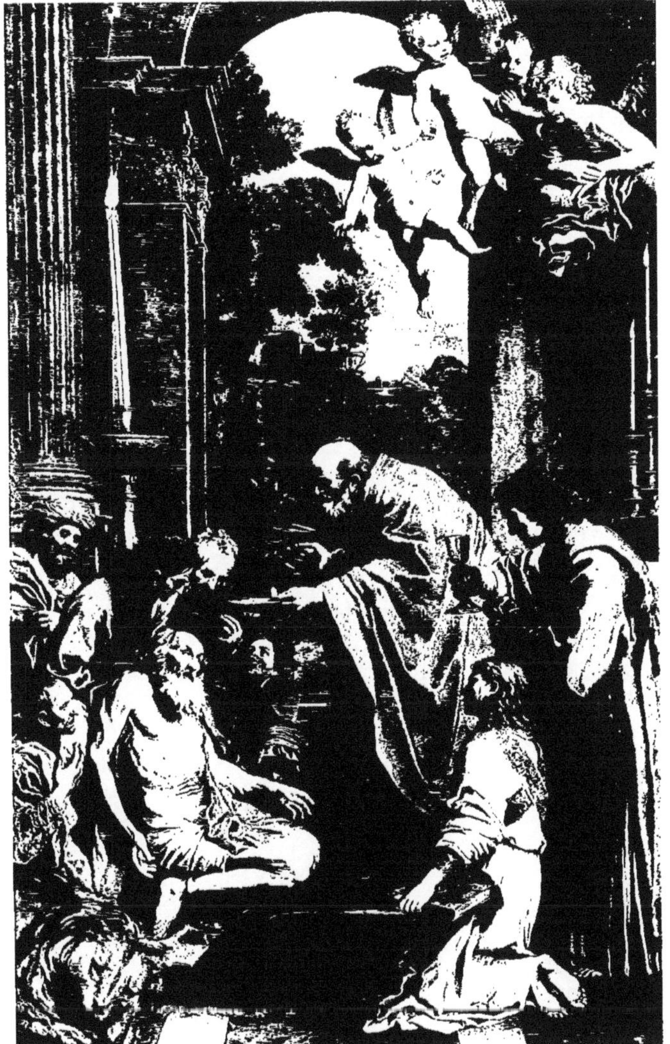

LE DOMINIQUIN.
La Communion de saint Jérôme.
Pinacothèque Vaticane, Rome.

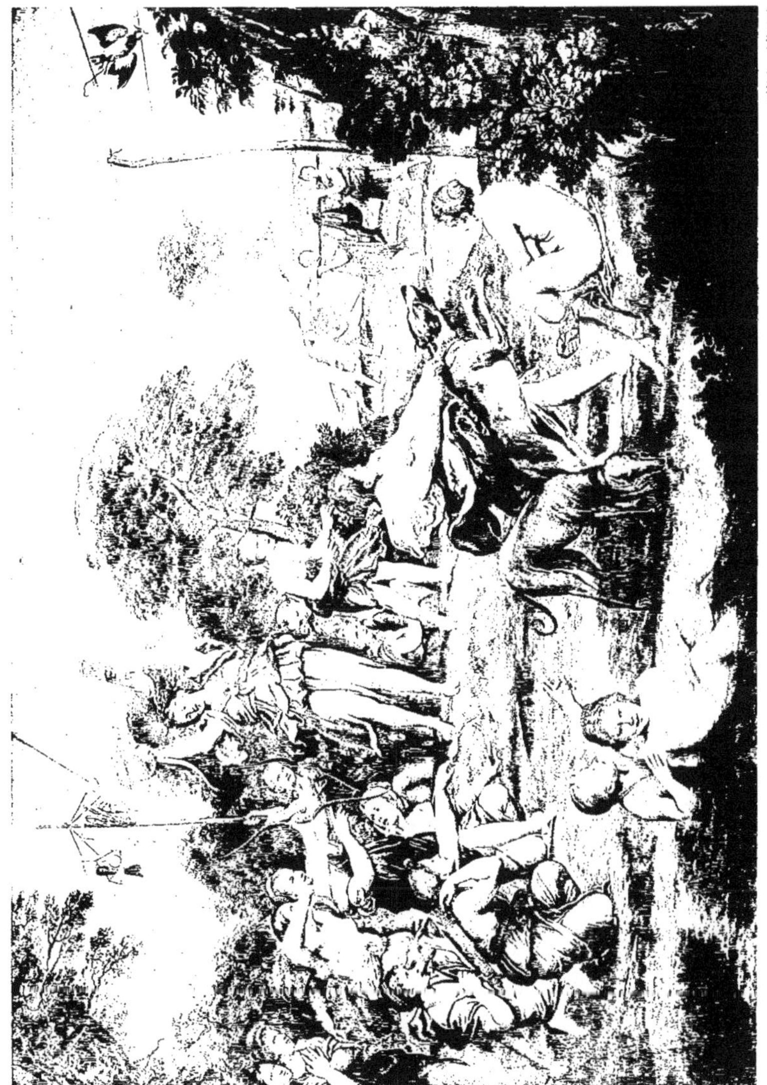

Le Dominiquin.
La Chasse de Diane.
(Galerie Borghèse, Rome.)

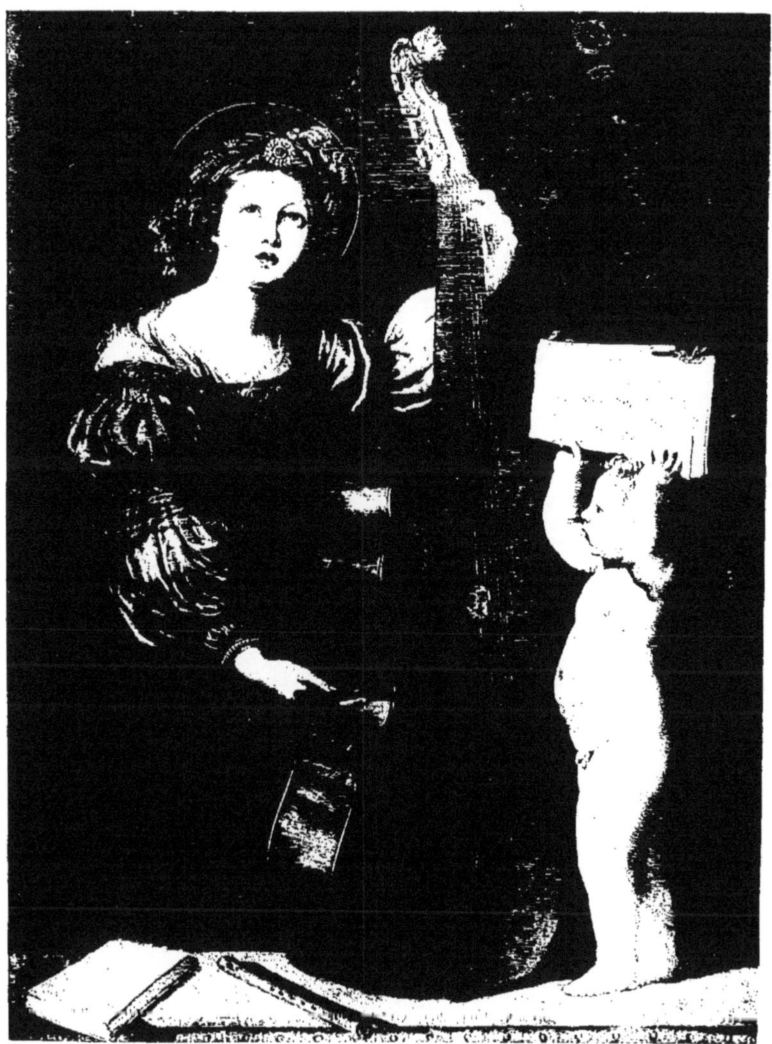

Cliché J.-E. Bulloz.

Le Dominiquin.
Sainte Cécile.
(Musée du Louvre. Paris.)

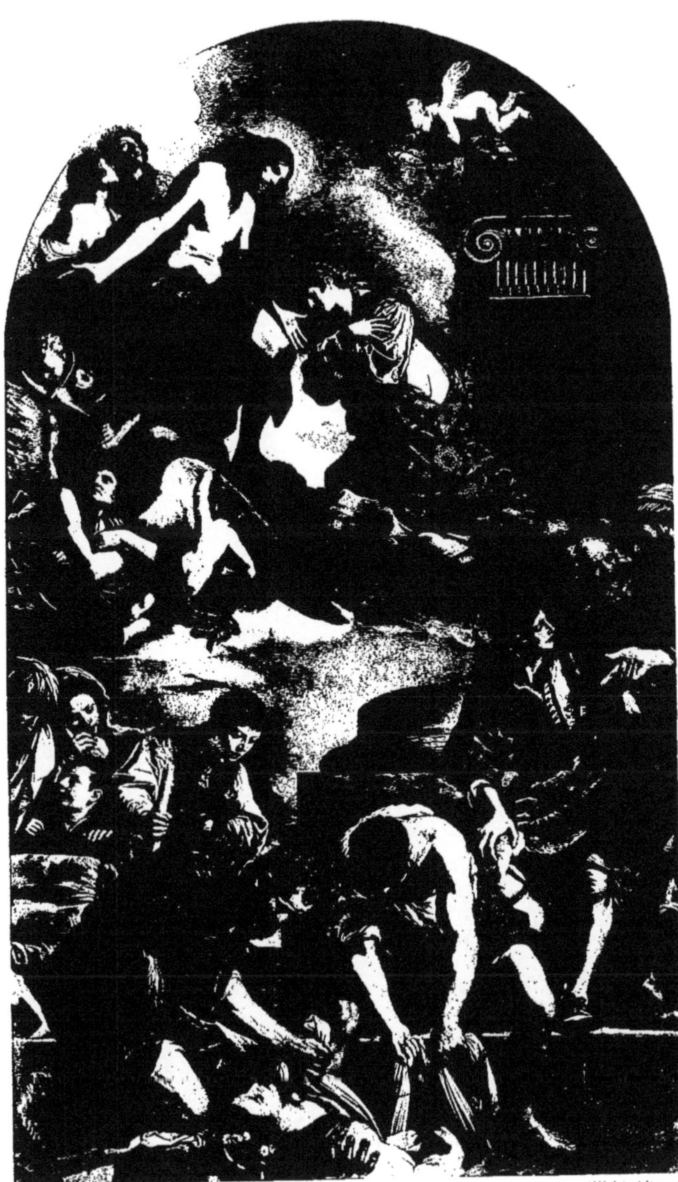

Cliché Alinari.

Le Guerchin.
L'Ensevelissement du corps de sainte Pétronille.
(Musée du Capitole, Rome.)

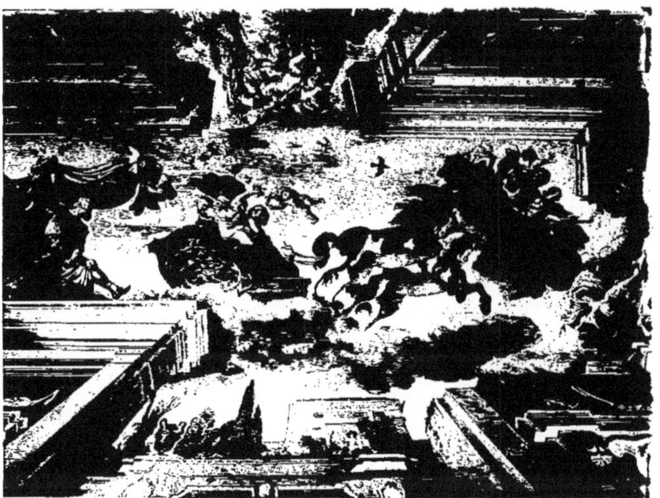

Cliché Anderson.

Le Guerchin.
L'Aurore, fresque.
(Casino Ludovisi, Rome.)

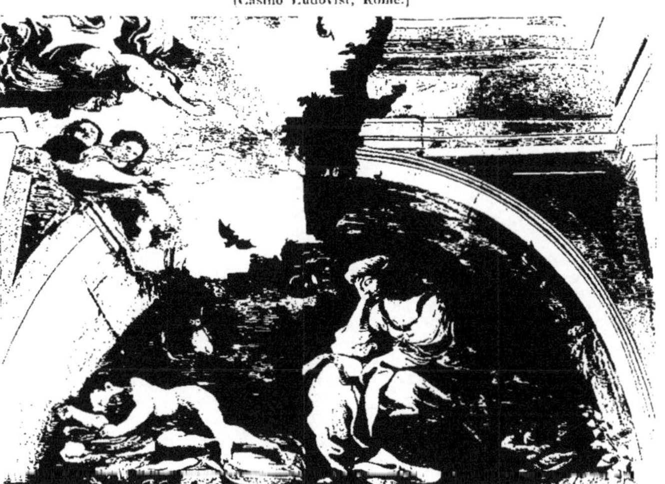

Cliché Anderson.

Le Guerchin.
La Nuit, fresque.
(Casino Ludovisi, Rome.)

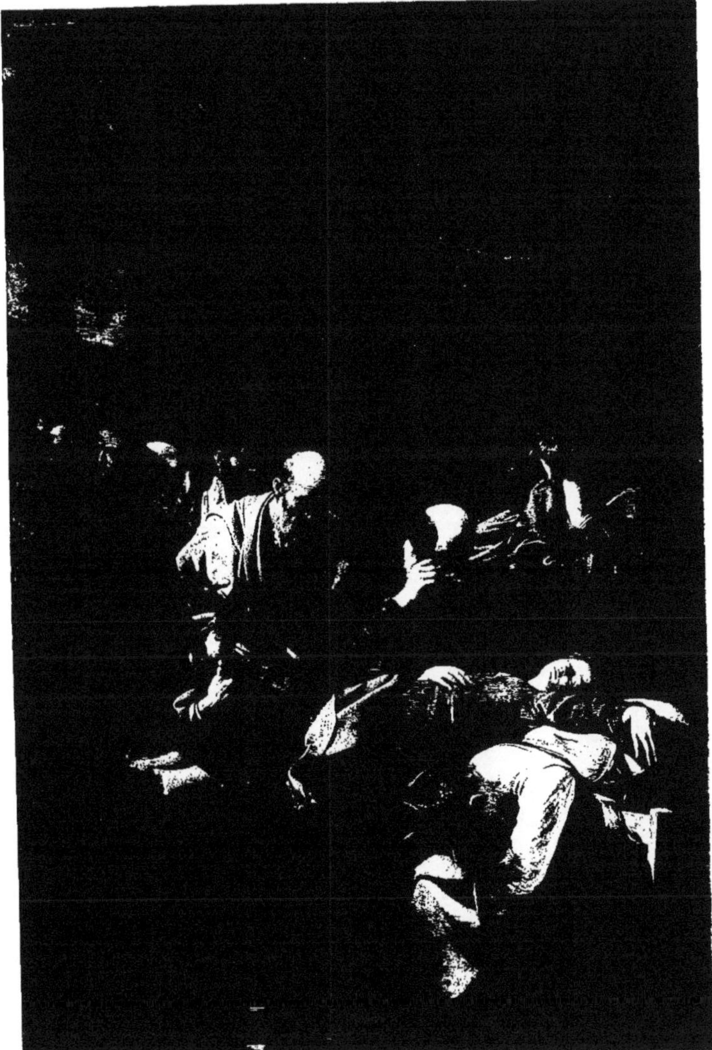

Le Caravage.
La Mort de la Vierge.
(Musée du Louvre, Paris.)

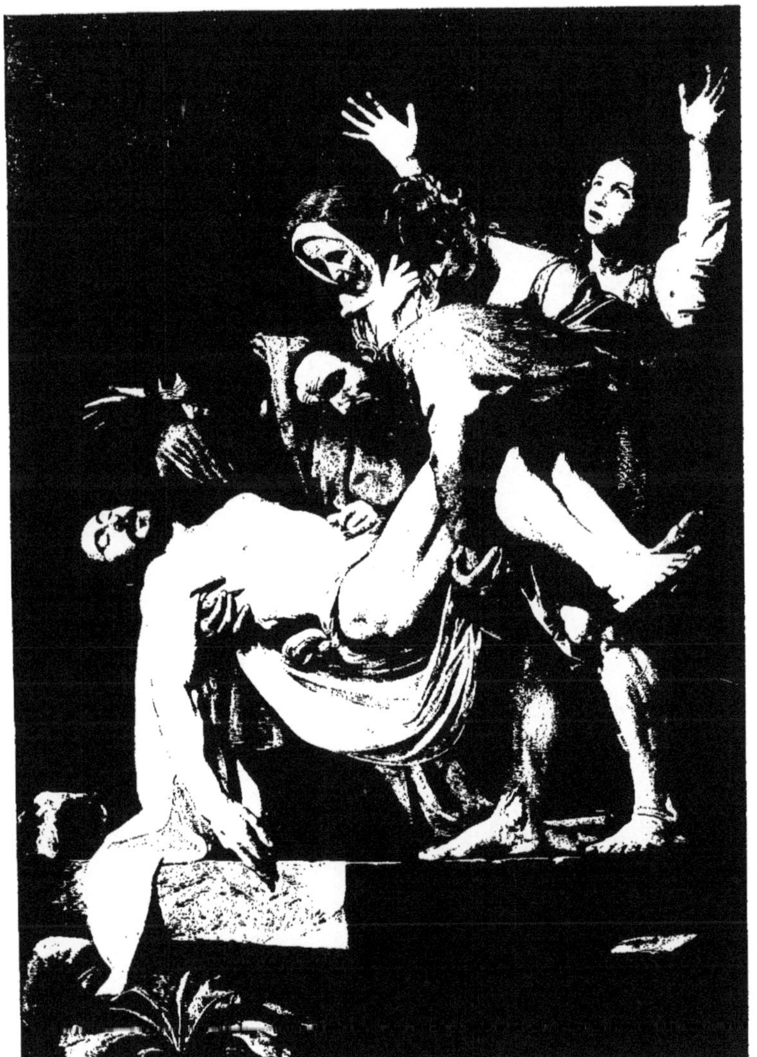

Le Caravage.
La Mise au tombeau.
(Pinacothèque Vaticane, Rome.)

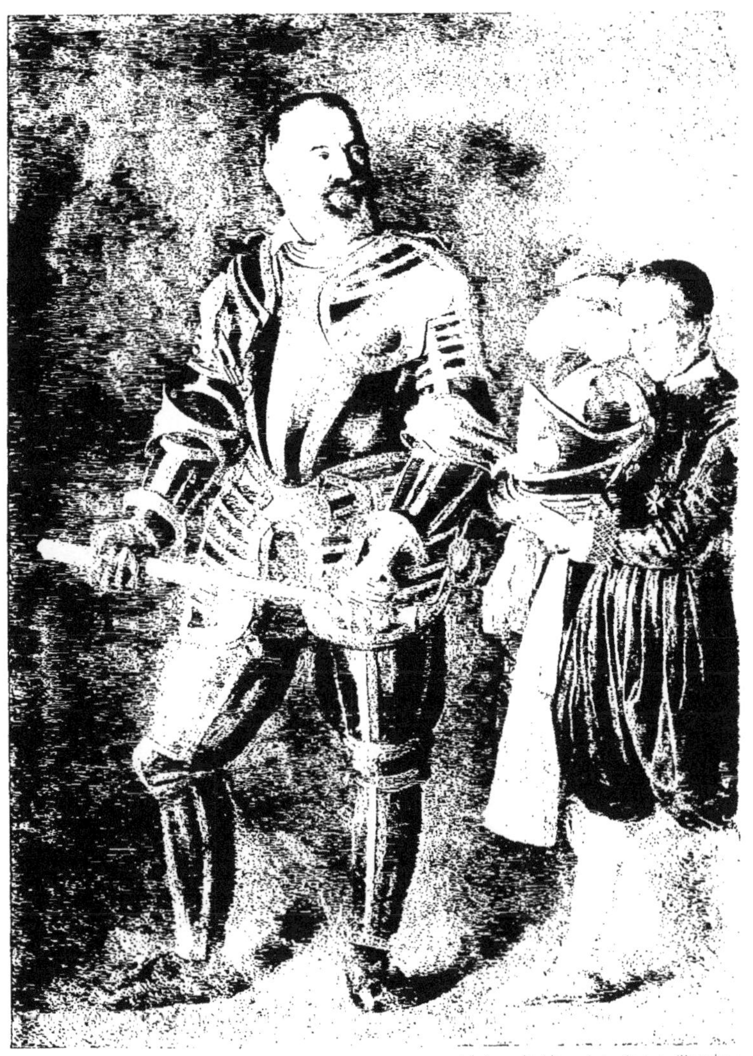

Le Caravage.
Portrait d'Alof de Wignacourt,
grand maître de l'ordre de Malte.
Musée du Louvre, Paris.

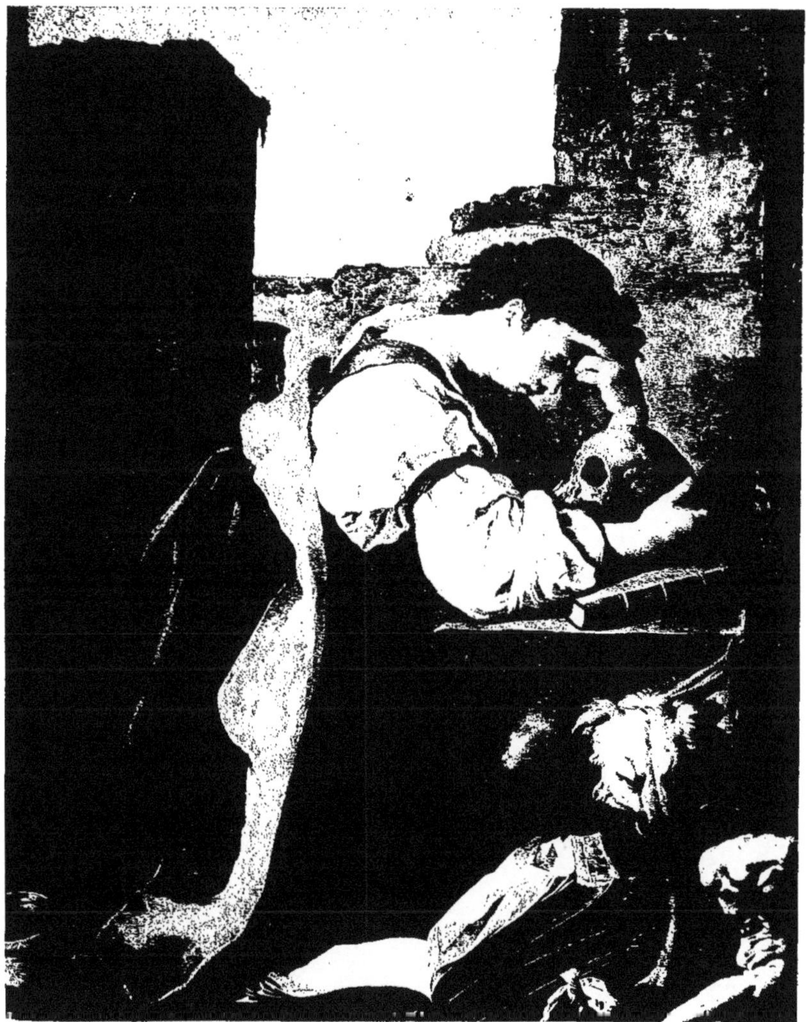

Cliché J.-E. Bulloz.

Domenico FETI.
La Mélancolie.
(Musée du Louvre, Paris.)

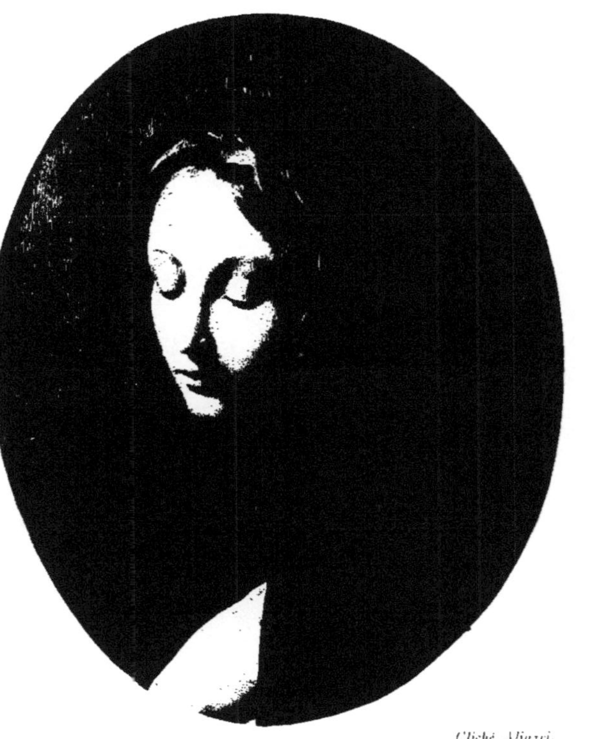

Carlo Dolci.
Madone.
(Pinacothèque royale. Turin.)

Cliché Alinari.

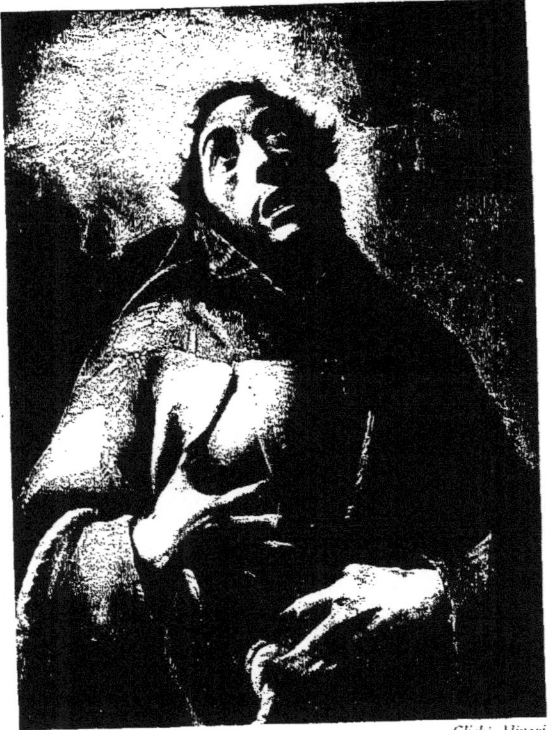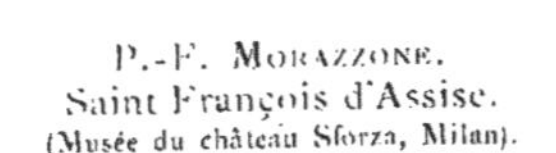

P.-F. Morazzone.
Saint François d'Assise.
(Musée du château Sforza, Milan).

Cliché Alinari.

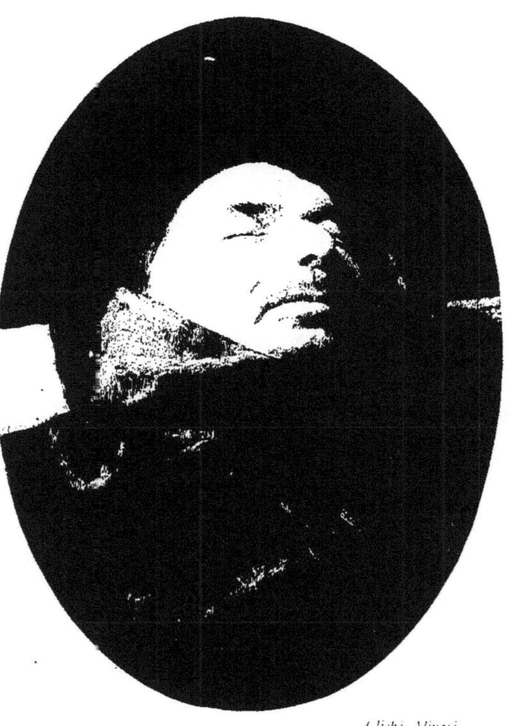

Cliché Alinari.

Daniele Crespi.
Un moine mort.
(Musée Brera, Milan.)

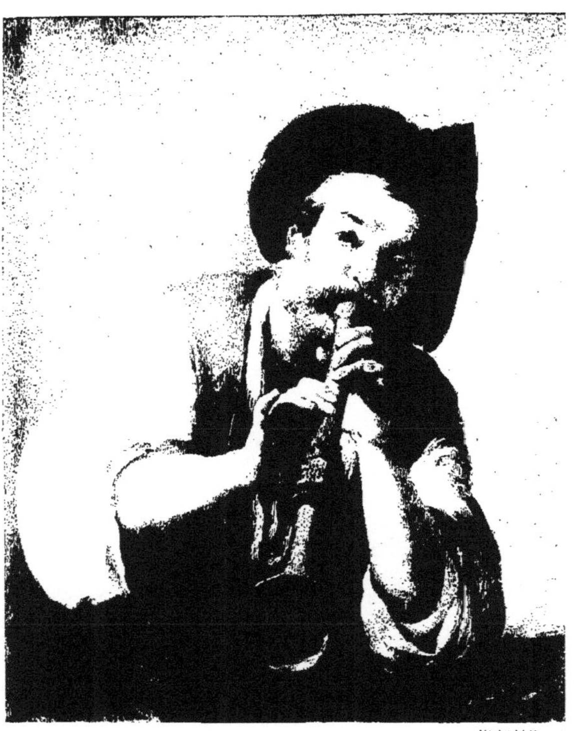

Cliché Alinari.

Bernardo Strozzi.
Pifferaro.
(Palazzo Rosso, Gênes.)

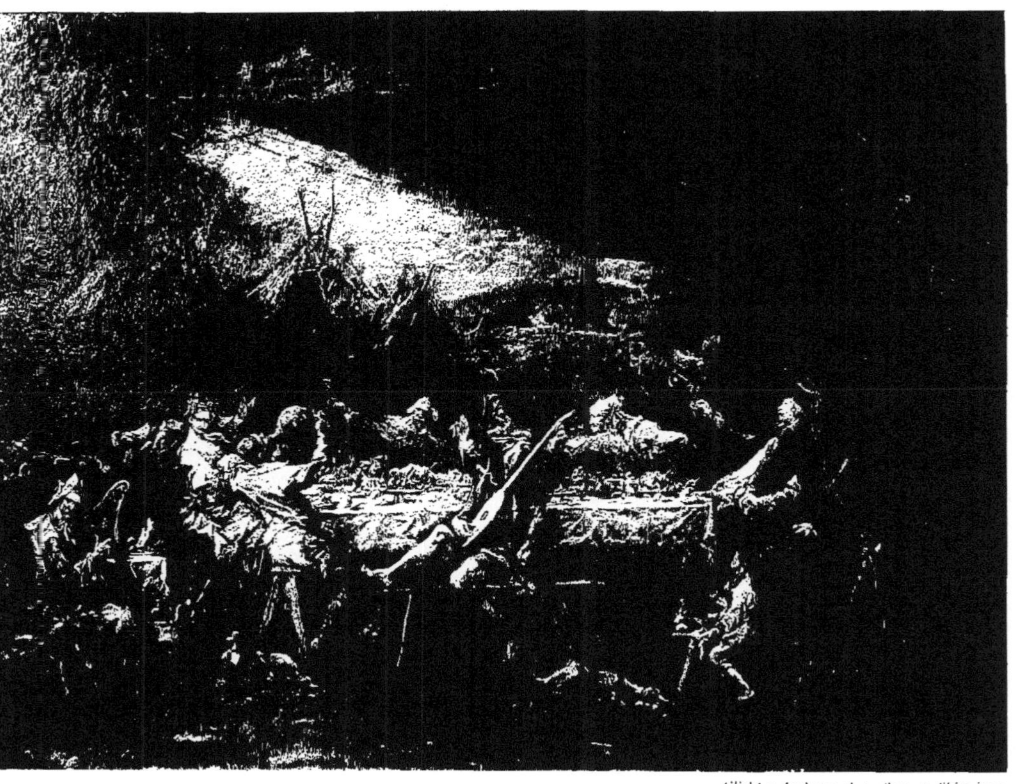

Cliché « Archives phot. d'art et d'histoire ».

Alessandro Magnasco.
Noce de Bohémiens.
(Musée du Louvre, Paris.)

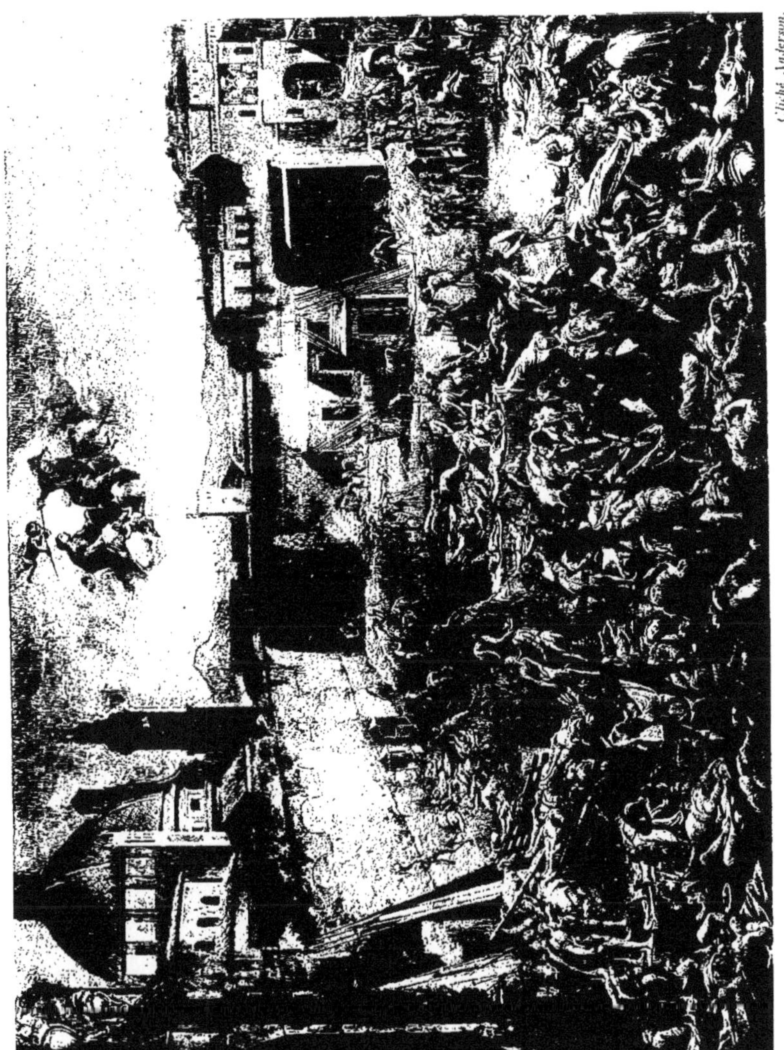

Cliché Anderson.

Micco Spadaro.
La Peste de Naples de 1656.
(Musée de Naples.)

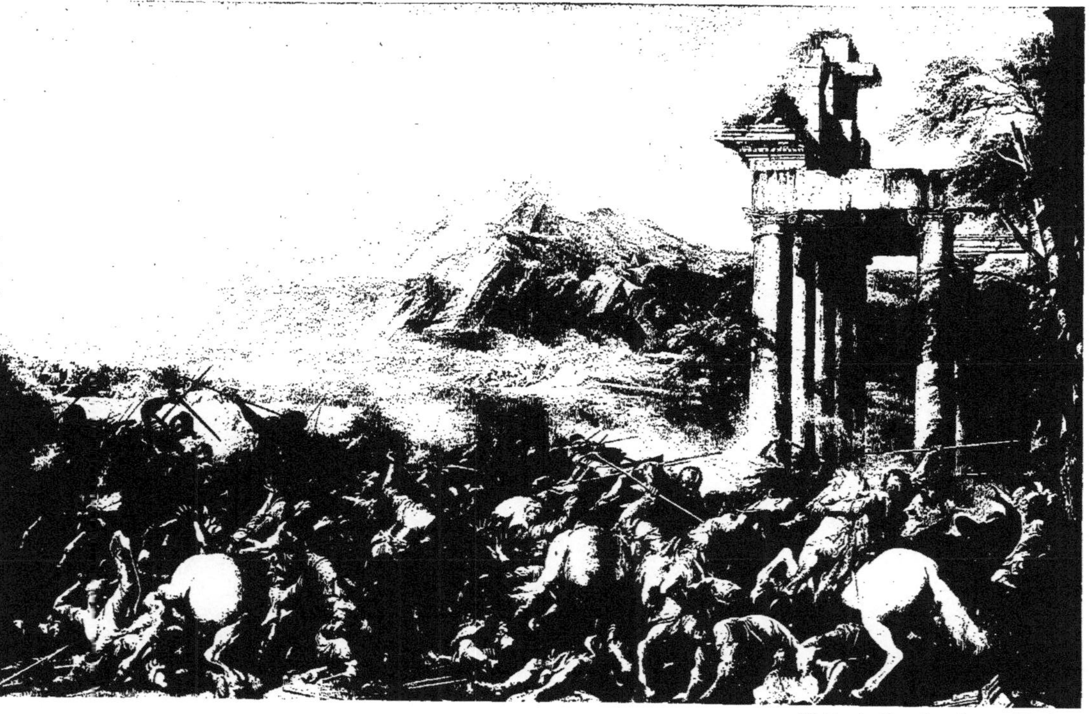

Salvator Rosa.
Bataille.
(Musée du Louvre, Paris.)

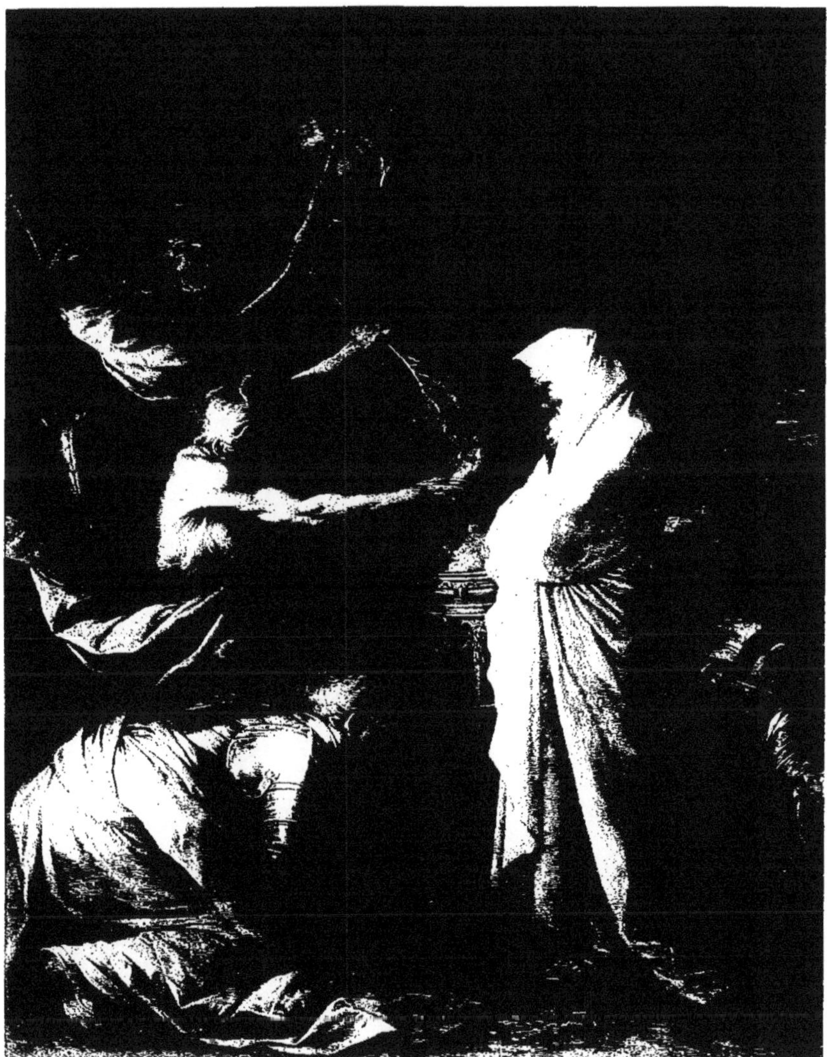

Salvator Rosa.
La Pythonisse d'Endor
évoquant l'Ombre de Samuel devant Saül.
(Musée du Louvre, Paris.)

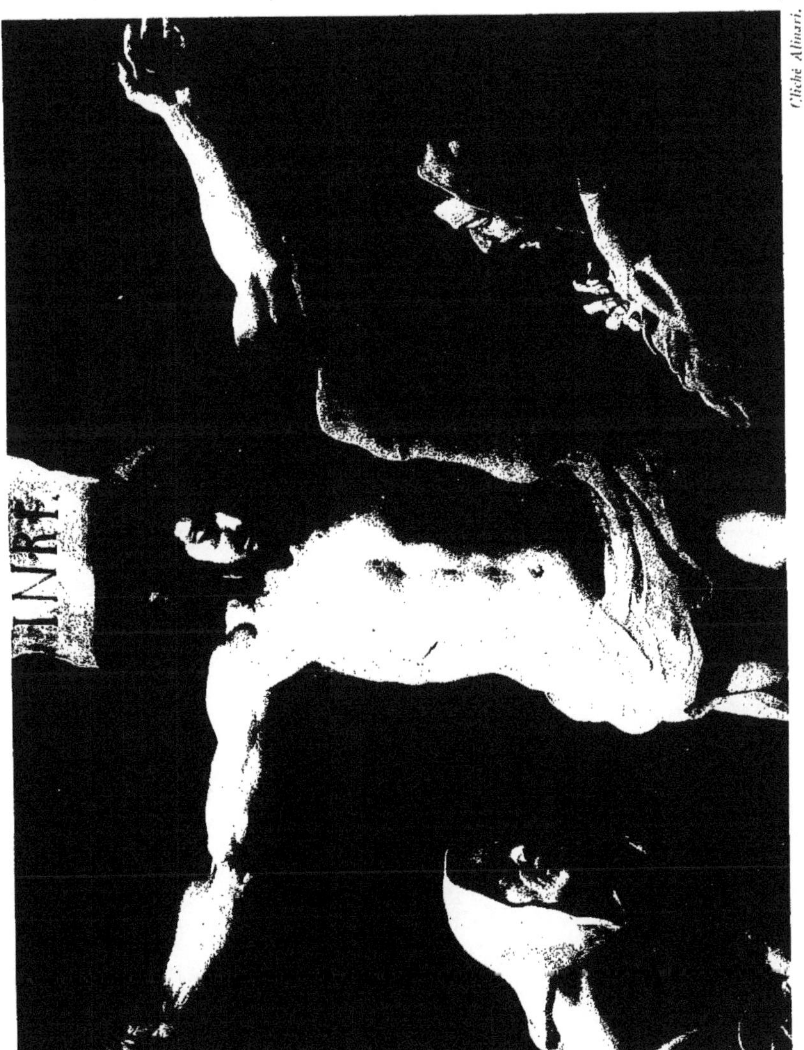

Cliché Alinari.

Mattia Preti.
Le Christ en croix.
(Collection Proto d'Albaneta, Naples.)

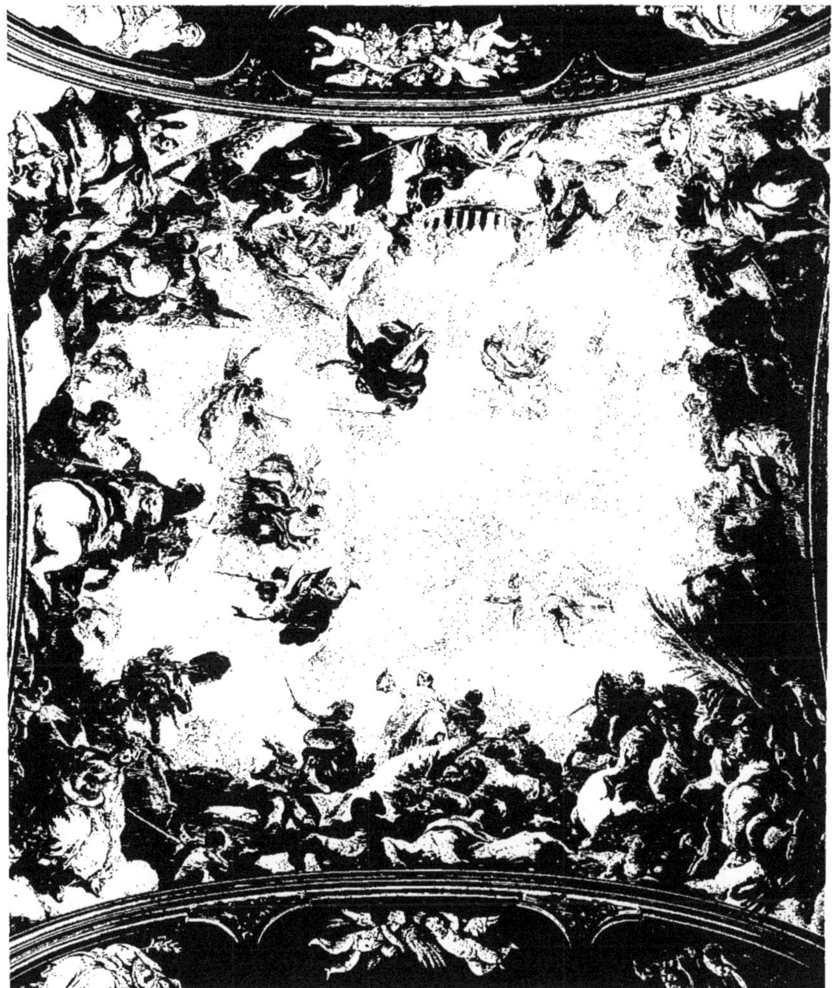

Luca Giordano.
Apothéose, fresque.
(Voûte de la chapelle du Trésor, Chartreuse de San Martino, Naples.)

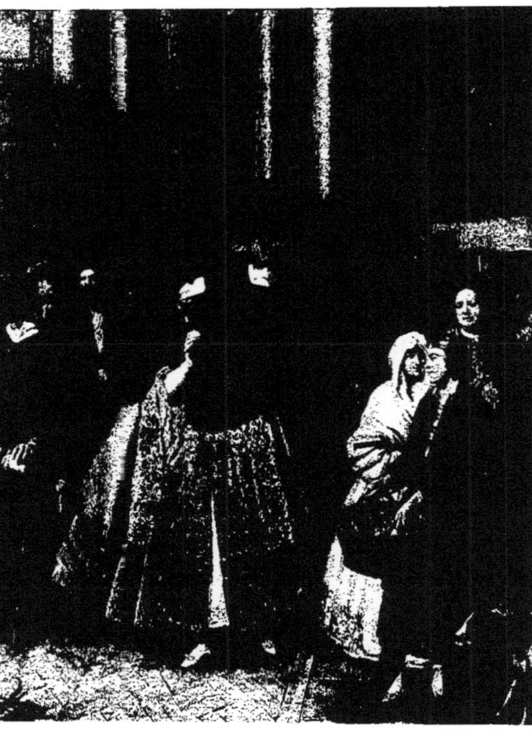

Cliché Alinari.

P. LONGHI.
Masques dans la rue.
(Musée Correr, Venise.)

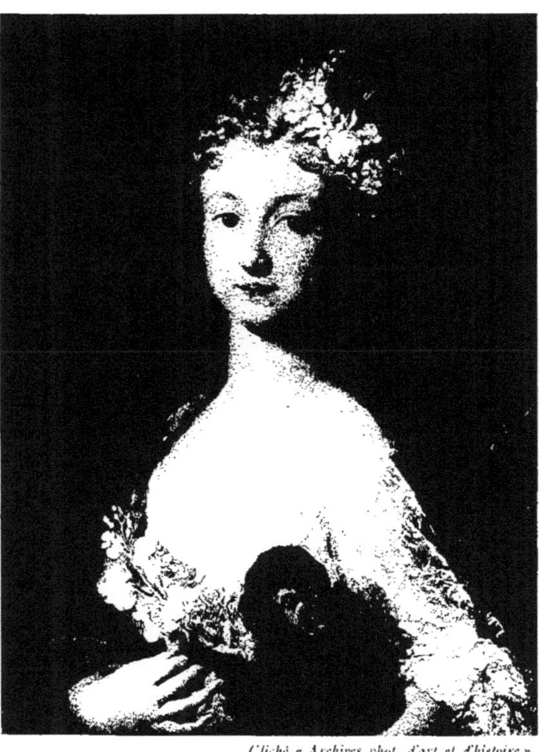

Cliché « Archives phot. d'art et d'histoire ».

Rosalba CARRIERA.
La Jeune fille au singe,
pastel.
(Musée du Louvre, Paris.)

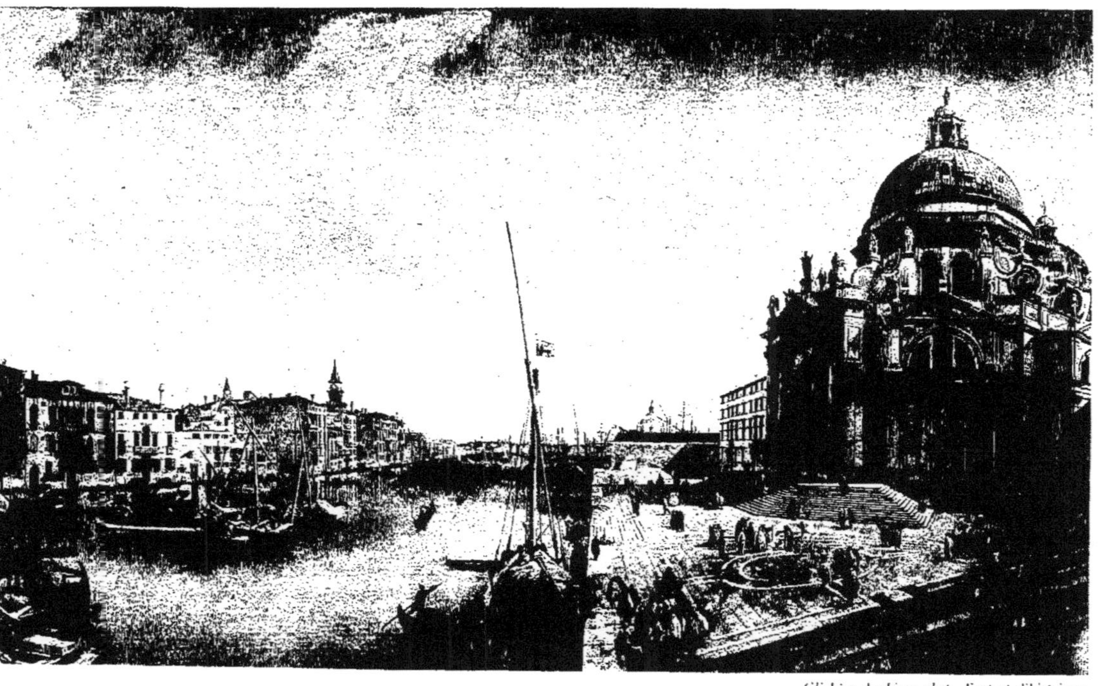

Cliché « Archives phot. d'art et d'histoire »

CANALETTO.
Le Grand Canal devant la Salute, à Venise.
(Musée du Louvre, Paris.)

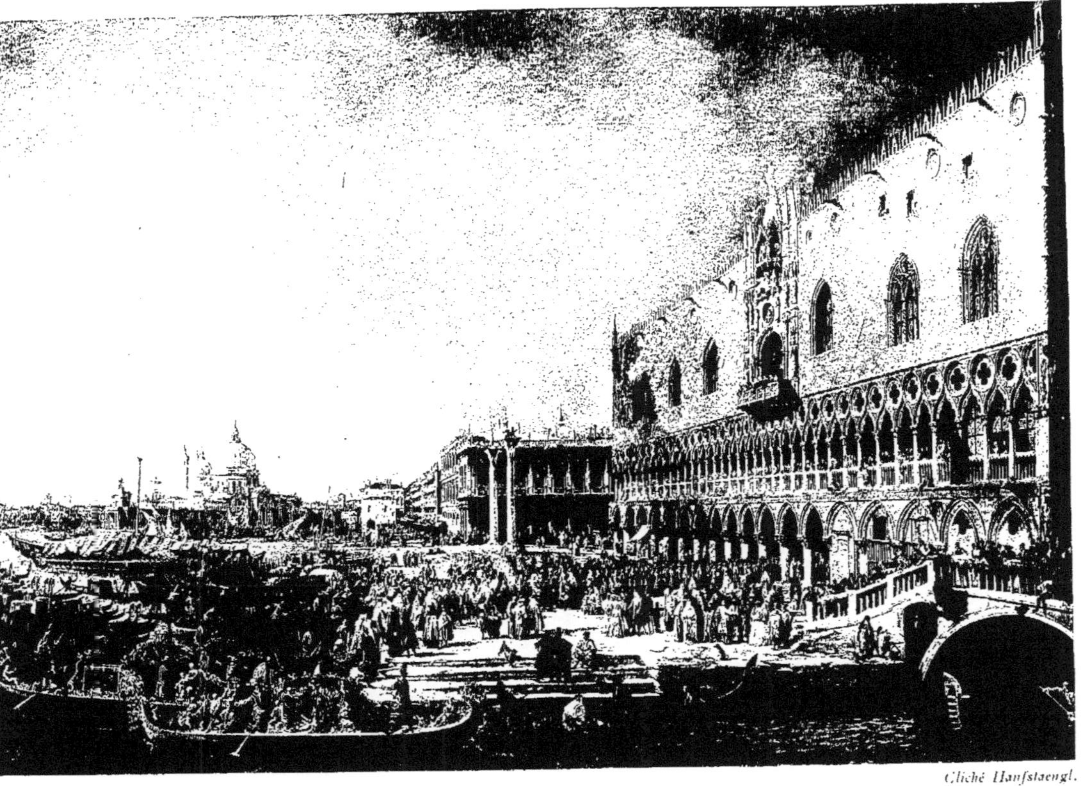

Cliché Hanfstaengl.

CANALETTO.
Réception du comte Gergi à Venise.
(Musée de l'Ermitage, Petrograd.)

Cliché Alinari.

F. GUARDI.
La Lagune.
(Musée Poldi-Pezzoli, Milan.)

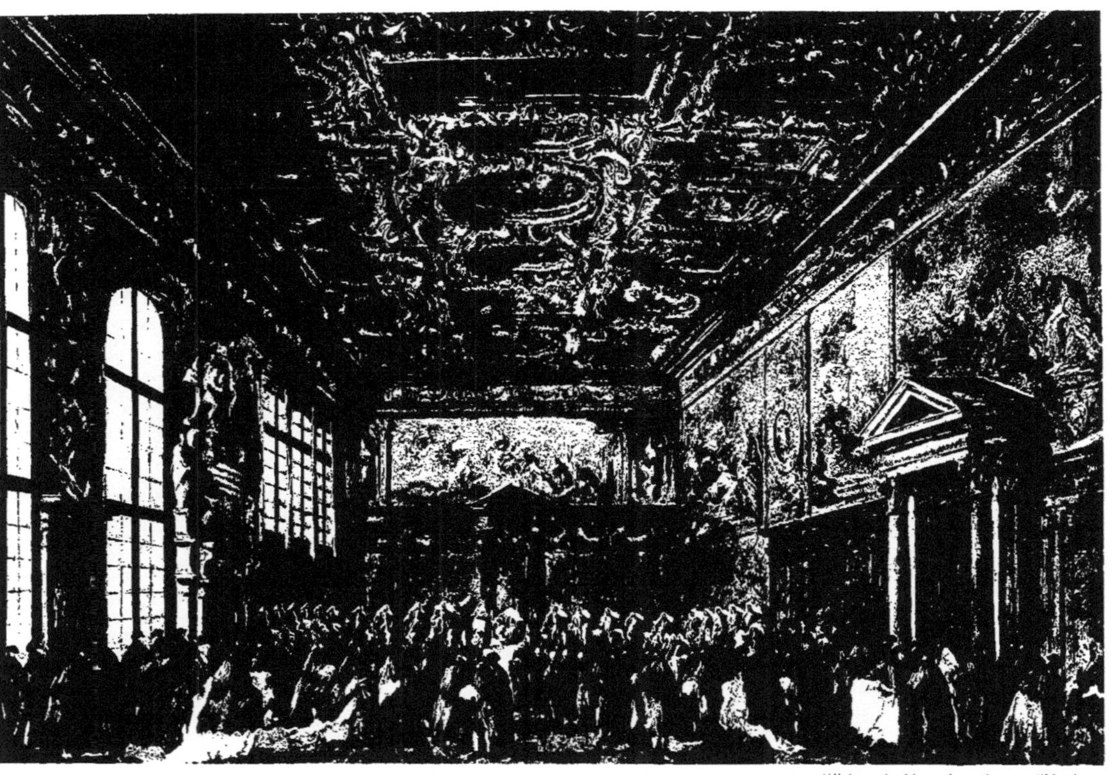

Cliché « Archives phot. d'art et d'histoire ».

F. GUARDI.
La Salle du collège au Palais des Doges, à Venise.
(Musée du Louvre, Paris.)

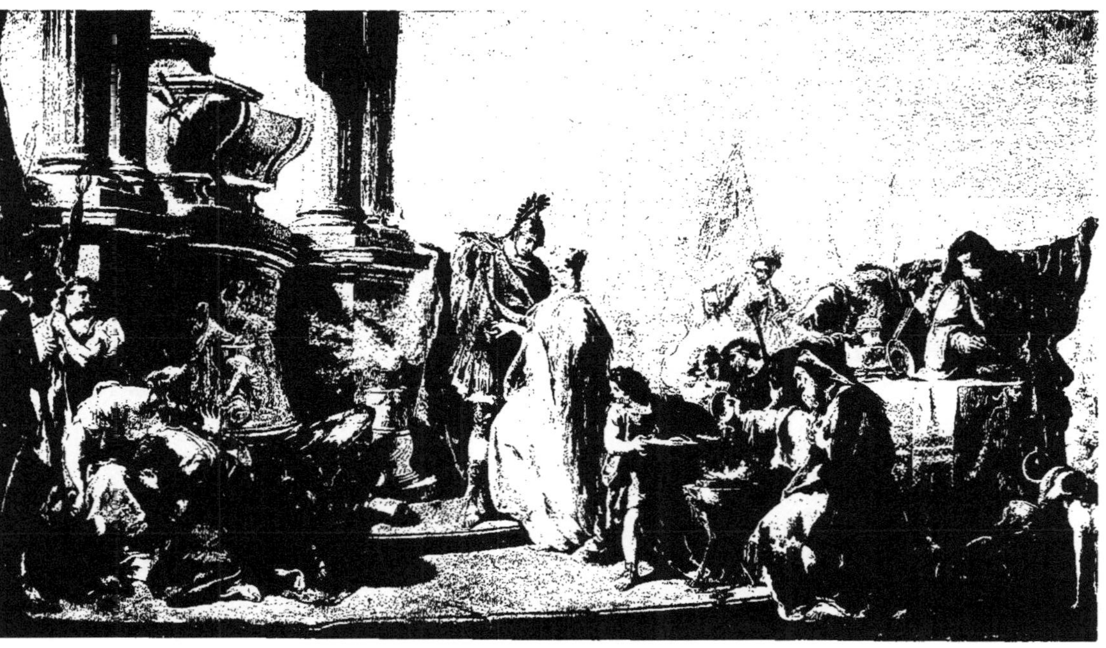

Cliché « Archives phot. d'art et d'histoire ».

G.-B. PITTONI.
Polyxène sacrifiant aux mânes d'Achille.
(Musée du Louvre, Paris.)

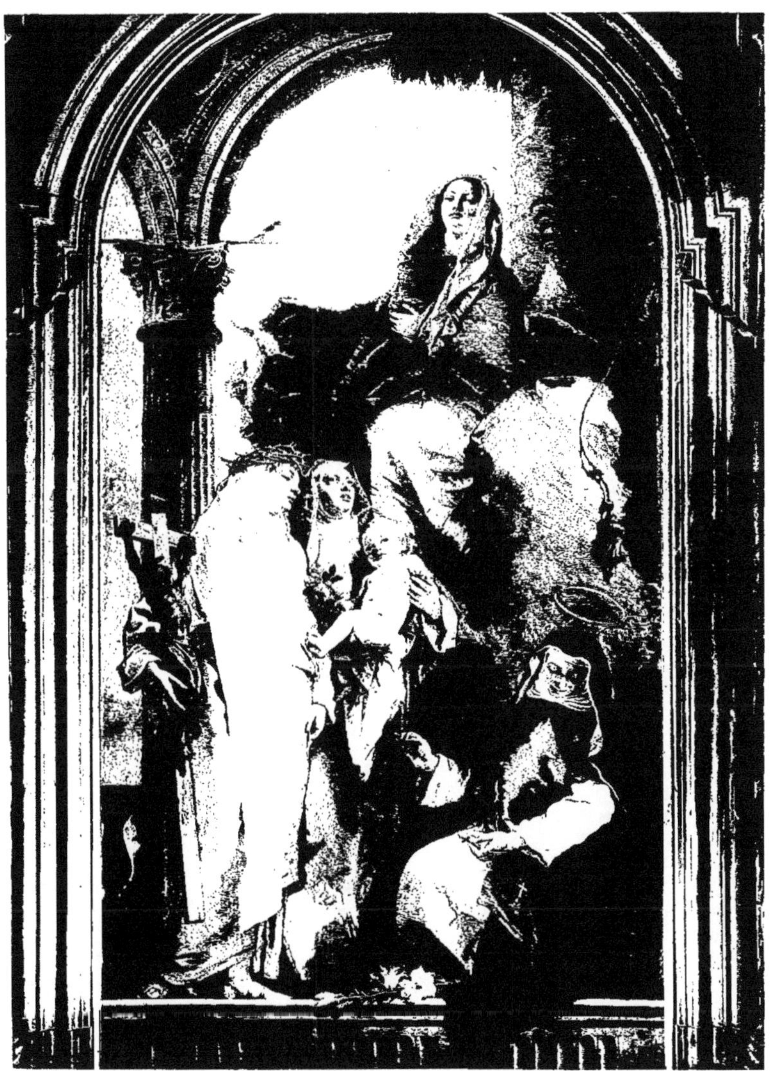

G.-B. TIEPOLO.
La Madone avec sainte Catherine de Sienne,
sainte Rose de Lima tenant l'Enfant Jésus
et sainte Agnès de Montepulciano.
(Église Santa Maria del Rosario, Venise.)

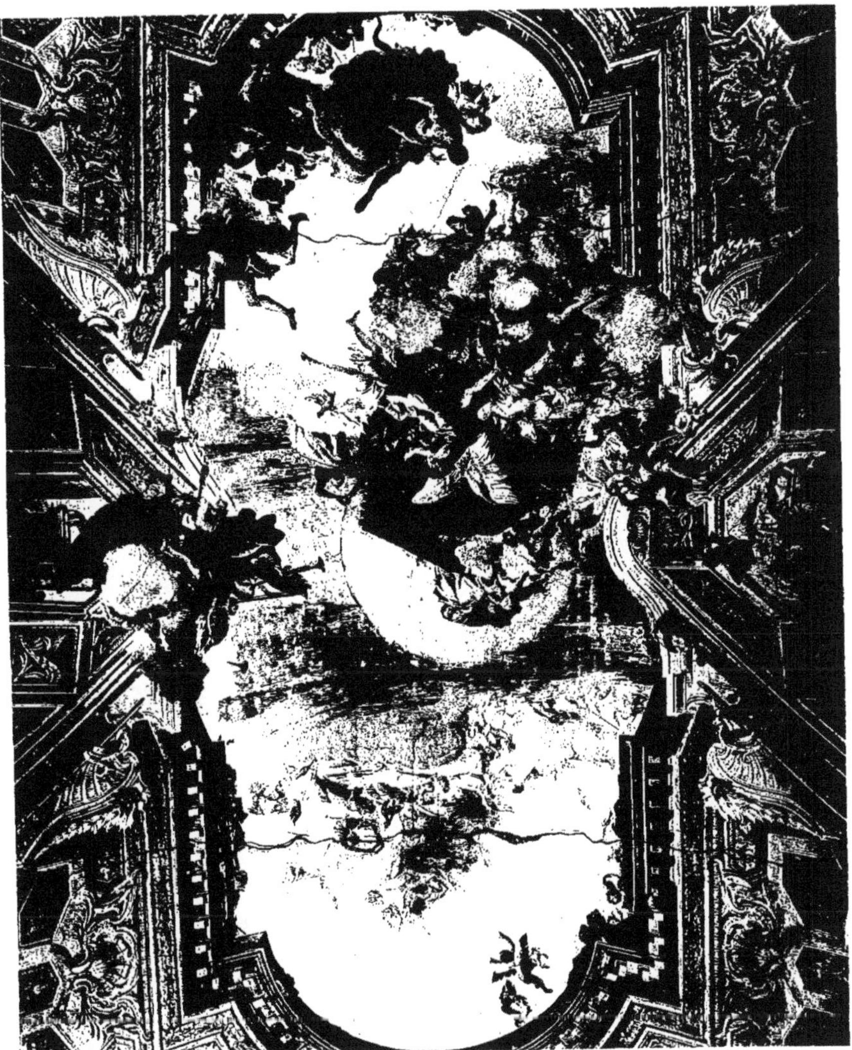

Cliché Anderson.

G. B. TIEPOLO.
La Translation de la Santa Casa par les anges, fresque.
Voûte de l'église des Scalzi, Venise.
(Détruite pendant la guerre en 1915.)

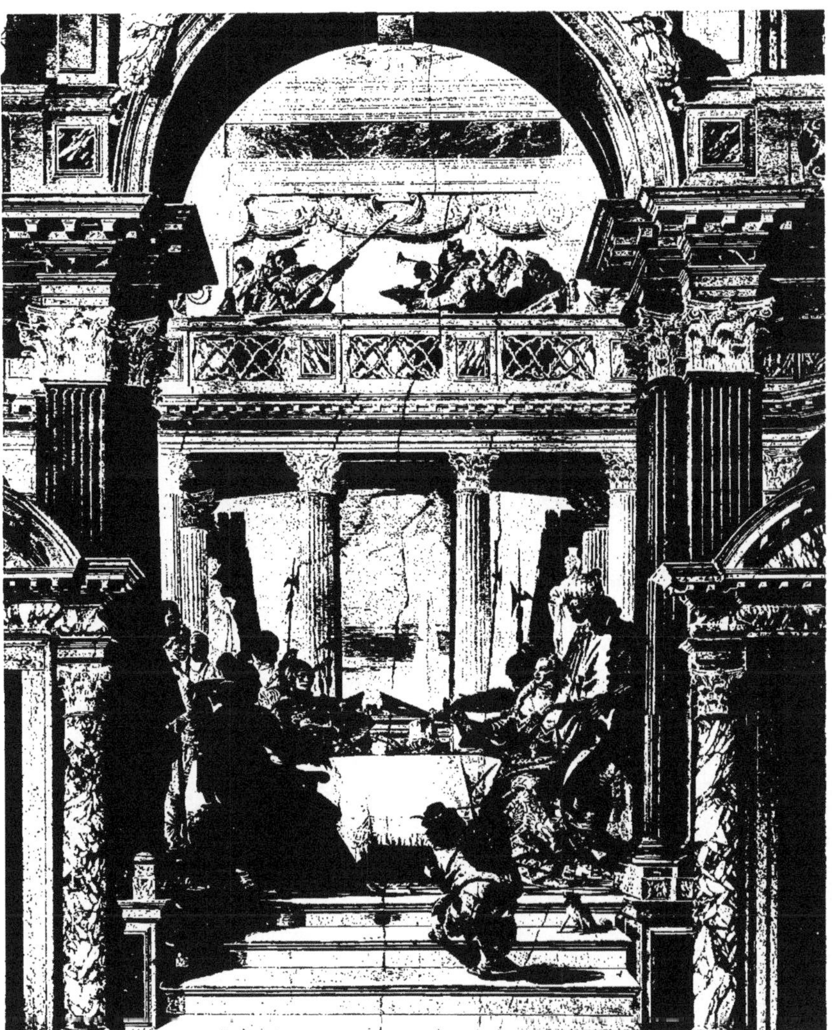

G.-B. TIEPOLO.
Le Festin d'Antoine et de Cléopâtre, fresque.
(Palais Labia, Venise.)

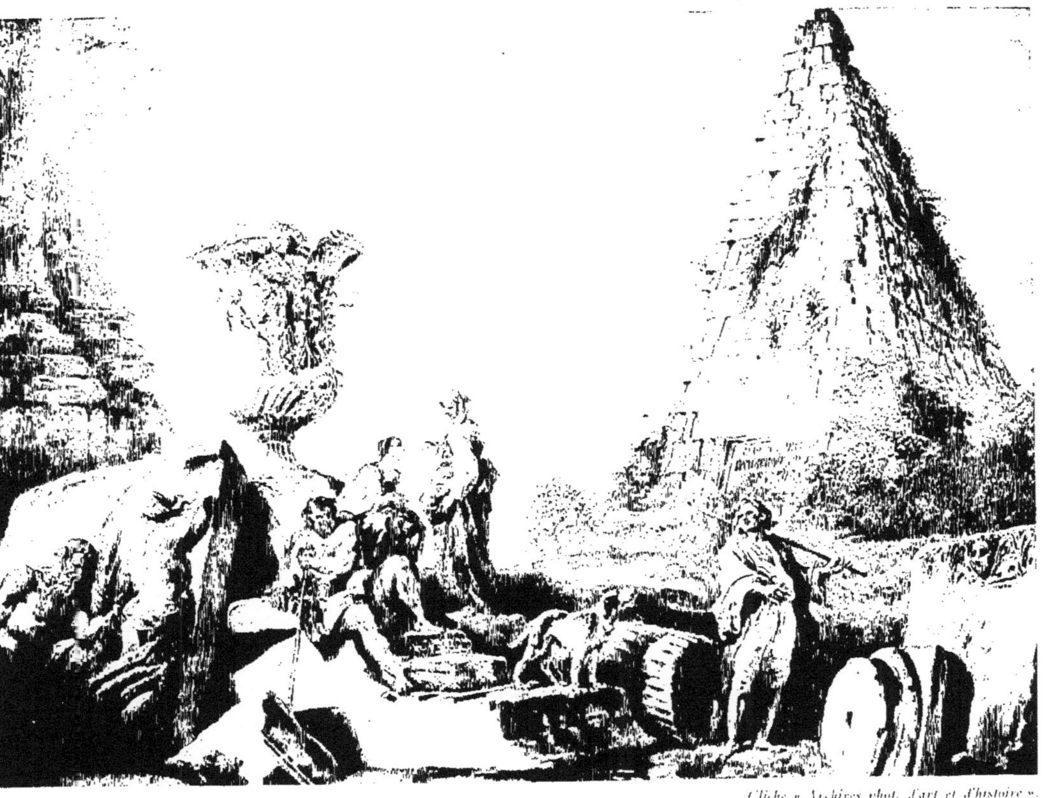

Cliché « Archives phot. d'art et d'histoire ».

G. B. PANNINI.
Ruines antiques : la pyramide de Cestius.
(Musée du Louvre, Paris.)

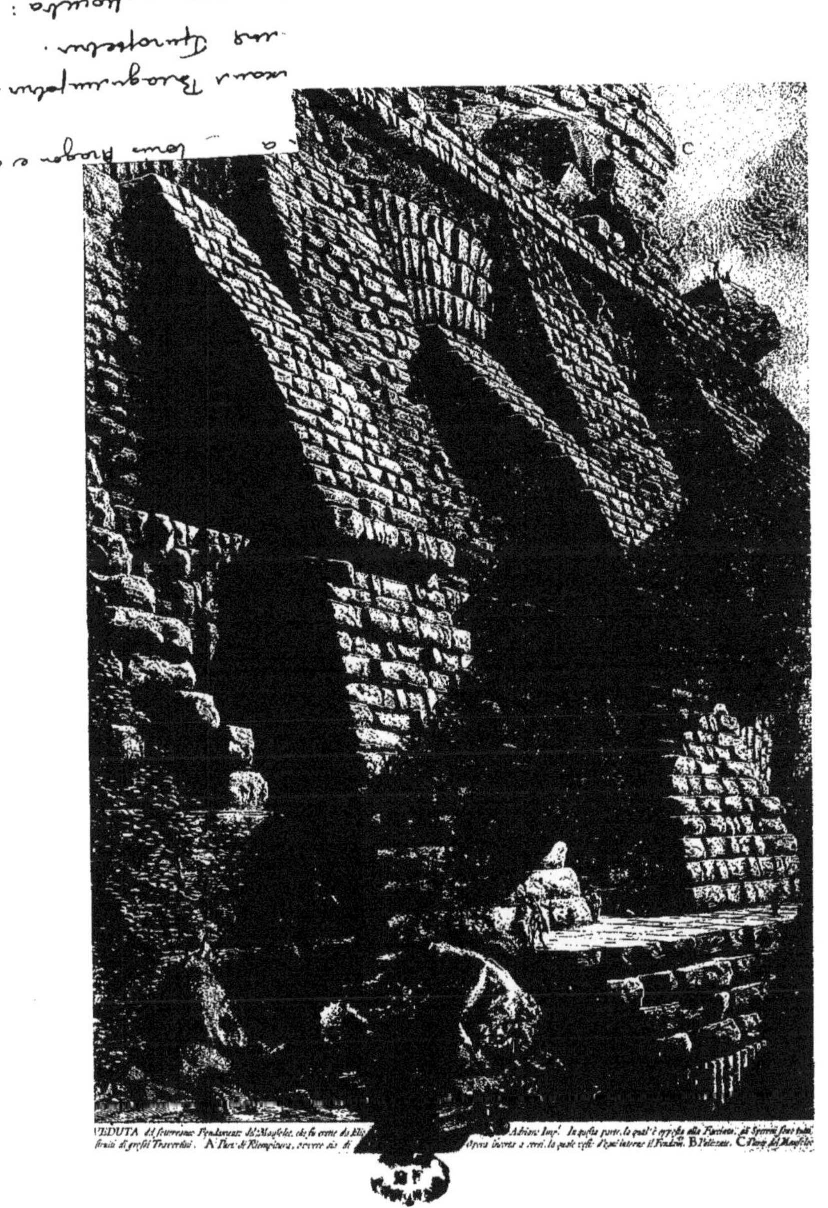

G.-B. PIRANESI.
Le Môle d'Hadrien, eau-forte originale.

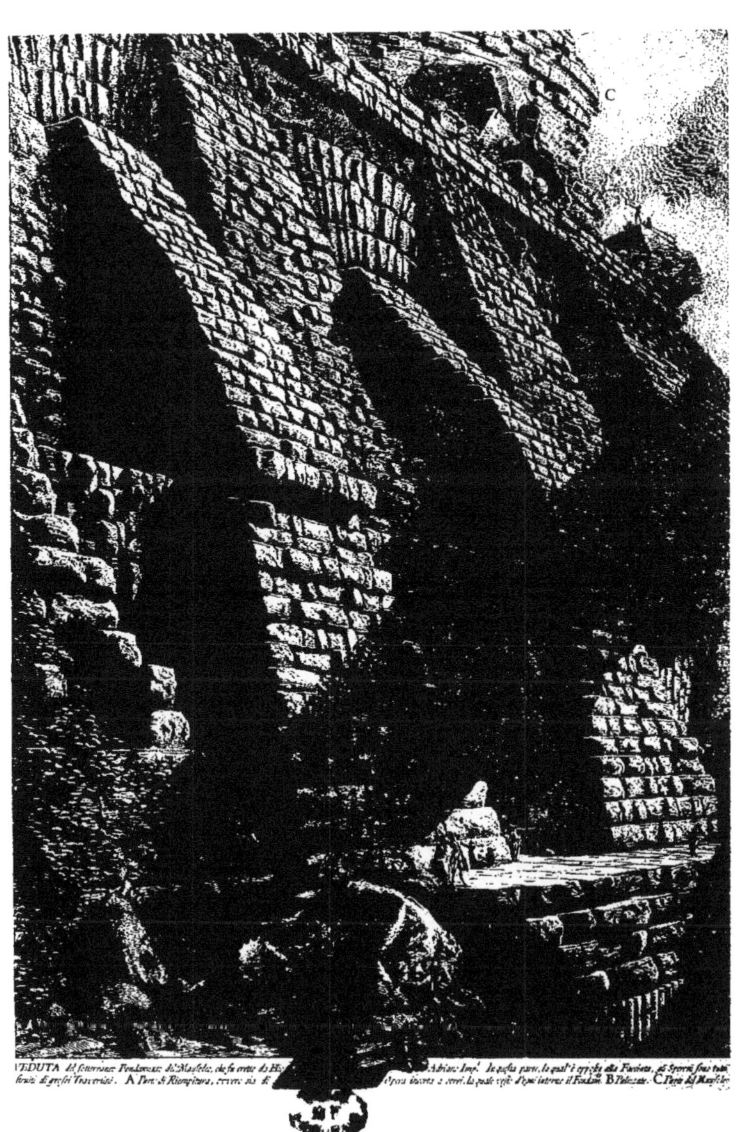

G.-B. PIRANESI.
Le Môle d'Hadrien, eau-forte originale.

www.ingramcontent.com/pod-product-compliance
Ingram Content Group UK Ltd.
Pitfield, Milton Keynes, MK11 3LW, UK
UKHW021255120726
13658UKWH00007B/352